Elke week inspiratie, nieuws en een exclusief recept ontvangen?
Schrijf je dan in voor de nieuwsbrief van 24Kitchen.
Voor informatie en meer recepten kijk je op **www.24kitchen.nl**

Abonneer je nu op de Karakter Nieuwsbrief.
Ga naar **www.karakteruitgevers.nl**;
www.facebook.com/karakteruitgevers;
www.twitter.com/UitKarakter en:

- ontvang regelmatig informatie over de nieuwste titels;
- blijf op de hoogte van speciale aanbiedingen en kortingsacties;
- én maak kans op fantastische prijzen!

www.karakteruitgevers.nl biedt informatie over al onze boeken,
Nova Zembla-luisterboeken en softwareproducten.

Meer informatie over 24Kitchen en De Makkelijke Maaltijd vind je op www.24kitchen.nl

DE MAKKELIJKE MAALTIJD 2

Karakter Uitgevers B.V.
24KITCHEN

Uitgegeven door Karakter Uitgevers B.V., Uithoorn

Concept, receptuur en fotografie:
24KITCHEN

Portret fotografie:
Sam Walravens – www.samwalravens.nl

Vormgeving en artwork omslag en binnenwerk:
De Heeren van Vonder – www.dhvv.nl

Dit boek kwam mede tot stand in samenwerking met House of Talent.

Tweede druk, december 2013

ISBN 978 90 452 0724 7
NUR 441

Inhoud

24

Voorwoord

Regelmatig krijgen wij de vraag; zijn jullie nooit eens uitgekookt? Is alles niet al eens bedacht? Na zoveel afleveringen van 'De Makkelijke Maaltijd' is dat natuurlijk best een logische vraag. Maar ja, iets dat je echt leuk vindt om te doen gaat je meestal ook makkelijk af. En nu hebben wij bij 24Kitchen ook nog eens de mazzel dat we met zoveel gepassioneerde mensen samenwerken.

De Makkelijke Maaltijd maken we met vijf koks, en de samenwerking met Roberta, Bianca, Mounir en Evert levert elke dag weer een makkelijk en smakelijk recept op. De meest lekkere gerechten van het afgelopen seizoen hebben we gebundeld in dit boek. Al onze favorieten staan er in; laat je verrassen door de romige kokoskip van Bianca, of de krokante visjes met citroenmayonaise van Evert.

Met onze recepten hopen wij je te inspireren en we nodigen je graag uit om er lekker je eigen draai aan te geven, dat is nu juist zo leuk aan koken!

Maak het jezelf gewoon makkelijk, en maak het vooral lekker!

Rudolph van Veen

Königsberger gehaktballetjes
met groente

HOOFDGERECHT
4 PERSONEN • BEREIDEN CA. 30 MIN.

New York style hotdogs

HOOFDGERECHT
4 PERSONEN • BEREIDEN CA. 30 MIN.

Ingrediënten

2 uien
1 teentje knoflook
zonnebloemolie
70 g tomatenpuree
1 el suiker
50 ml rodewijnazijn
50 ml water
8 slagersknakworsten
500 g zuurkool
boter
8 bruine puntjes
4 el gladde mosterd

TOMATENSALADE
1 rode ui
4 tomaten
2 el rodewijnazijn
1/2 bosje bladpeterselie

Bereiden

RELISH

- Pel en snijd de uien in halve ringen. Pel en snijd de knoflook fijn.
- Verhit een scheut olie in een pan en fruit de uien circa 2 minuten.
- Voeg de knoflook en tomatenpuree toe en bak circa 1 minuut mee.
- Voeg suiker, azijn en water toe en laat circa 4 minuten indampen.
- Breng op smaak met een beetje zout en peper.

NEW YORK STYLE HOTDOGS

- Zet de knakworsten op in koud water en breng aan de kook. Haal de knakworsten uit de pan zodra het water kookt.
- Verhit een klontje boter in een pan en bak de zuurkool circa 5 minuten.

TOMATENSALADE

- Pel en snijd de ui in halve ringen. Snijd de tomaten in blokjes.
- Pluk en hak de peterselie fijn.
- Meng in een kom alle ingrediënten voor de salade en breng op smaak met een beetje zout en peper.

SERVEREN

- Snijd de broodjes open. Verdeel de knakworsten en de zuurkool over de broodjes. Serveer de hotdogs met de relish en mosterd. Serveer de salade bij de hotdogs.

Ingrediënten

125 g chorizo
2 rode uien
1 citroen
4 takjes rozemarijn
800 g roseval aardappels
400 g kippenvleugels
olijfolie om in te bakken

SALADE
4 el olijfolie extra vergine
2 el rodewijnazijn
200 g artisjokharten, pot
295 g gegrilde paprika, pot
2 el zwarte olijvenringen
150 g veldsla

EXTRA NODIG
bakpapier

Bereiden

SPAANSE TRAYBAKE

- Verwarm de oven voor op 200 °C.
- Verwijder het vel van de chorizo en snijd de chorizo in blokjes. Pel en snijd de uien in grove stukken. Snijd de citroen in achten. Ris de rozemarijn en snijd de naaldjes fijn.
- Was de aardappels en snijd in vieren.
- Meng in een grote kom de chorizo, ui, citroen, rozemarijn, kippenvleugels, aardappels en een flinke scheut olie. Bestrooi met een beetje zout en peper.
- Verdeel over een met bakpapier beklede bakplaat en bak in de voorverwarmde oven in circa 25 minuten goudbruin en gaar. Schud af en toe om.

SALADE

- Meng in een grote kom de olijfolie en azijn. Breng op smaak met een beetje zout en peper.
- Giet de artisjokharten af. Laat de gegrilde paprika uitlekken en snijd in repen. Snijd de olijven in ringen.
- Meng de artisjokharten, gegrilde paprika, olijven en veldsla door de dressing.

SERVEREN

- Verdeel de Spaanse traybake over de borden en serveer met salade.

Ingrediënten

500 g aardappels
1 winterpeen
olijfolie
65 g gemalen kokos
200 g doperwten, diepvries
1 komkommer
1 mango
1 kropsla
1/2 bosje koriander
200 g plakjes rosbief

DRESSING
20 ml ketjap manis
60 ml rijstolie
1 el wittewijnazijn
1 tl sambal

Bereiden

AARDAPPEL EN WINTERPEEN

- Breng een pan met water en zout aan de kook.
- Schil en snijd de aardappels en winterpeen in kleine blokjes. Kook de blokjes aardappel in circa 5 minuten gaar in de pan met water. Schep ze uit de pan met water en laat ze uitwasemen.
- Kook de winterpeen in hetzelfde water in circa 5 minuten beetgaar. Giet de winterpeen af en spoel koud.

INDISCHE VLEESSALADE

- Verhit een scheut olie in een pan en rooster de gemalen kokos circa 5 minuten in een pan.
- Laat de doperwten ontdooien.
- Snijd de komkommer in blokjes. Schil en snijd de mango in blokjes.
- Was de sla en verwijder de buitenste bladeren. Snijd de sla in dunne repen.
- Pluk en hak de blaadjes koriander fijn.
- Meng voor de dressing de ketjap manis, rijstolie, een klein beetje azijn en sambal met elkaar en breng op smaak met een beetje zout en peper.
- Meng in een kom de blokjes aardappel en wortel, gemalen kokos, komkommer, mango, kropsla, koriander en de doperwtjes met de dressing.

SERVEREN

- Verdeel de salade over de borden en verdeel de rosbief erover.

Paddenstoelen-clafoutis

HOOFDGERECHT

4 PERSONEN • BEREIDEN CA. 10 MIN. • OVENTIJD CA. 20 MIN.

Ingrediënten

250 g champignons
250 g kastanjechampignons
1 teentje knoflook
125 g gerookte spekblokjes
olijfolie
2 tl Italiaanse kruiden
1 el bloem
4 eieren
75 g geraspte
Parmezaanse kaas
250 ml kookroom
1 ciabatta

SALADE
1 el honing
2 el olijfolie extra vergine
1/2 sinaasappel
3 roma tomaten
75 g gedroogde vijgen
125 g rucola

EXTRA NODIG
garde
ovenschaal

Bereiden

PADDENSTOELENCLAFOUTIS

- Verwarm de oven voor op 180 °C.
- Snijd de champignons in dunne plakken. Pel en snijd de knoflook fijn.
- Verwarm een pan en bak de spekblokjes in circa 6 minuten krokant.
- Doe een scheut olijfolie in de pan en voeg de champignons, knoflook en de Italiaanse kruiden toe en bak in circa 6 minuten gaar. Breng op smaak met een beetje versgemalen peper.
- Meng in een kom met een garde de bloem, eieren, Parmezaanse kaas en de room door elkaar. Meng de gebakken champignons door het mengsel.
- Schenk het mengsel in een met olie ingevette ovenschaal. Schuif de schaal in de voorverwarmde oven en bak de clafoutis in circa 20 minuten gaar.

SALADE

- Meng de honing, olijfolie extra vergine en het sap van de sinaasappel met elkaar. Breng de dressing op smaak met een beetje zout en peper.
- Snijd de tomaten in blokjes. Snijd de vijgen in dunne repen.
- Meng de rucola, tomaten en vijgen door de dressing.

SERVEREN

- Snijd de ciabatta in plakken. Verdeel de paddenstoelenclafoutis en de salade over de borden. Serveer het brood erbij.

Ingrediënten

800 g kruimige aardappels
150 ml melk
1/2 bosje bieslook
400 g half-om-halfgehakt
1 ei
1 el mosterd
3 el paneermeel
zonnebloemolie
3 uien
250 ml appelsap
5 el rinse appelstroop
500 g gekookte bietjes
1 appel, granny smith
2 el frambozenazijn

EXTRA NODIG
pureestamper

Bereiden

AARDAPPELPUREE

- Breng een pan met water en zout aan de kook.
- Schil en snijd de aardappels in gelijke stukken. Kook de aardappels in de pan in circa 15 minuten gaar. Giet de aardappels af en stoom ze droog.
- Verwarm de melk.
- Pureer de aardappels met een pureestamper en maak de puree smeuïg met de melk.
- Hak de bieslook fijn, roer door de puree en breng op smaak met een beetje zout en versgemalen peper.

BALLETJES IN LIMBURGSE STROOPSAUS

- Pel en snipper 1 ui.
- Meng in een kom het gehakt, het ei, de ui, de mosterd, het paneermeel en een beetje zout en versgemalen peper. Rol ballen zo groot als een pingpongbal.
- Verhit een scheut olie in een pan en bak de balletjes in circa 8 minuten rondom goudbruin en gaar.
- Haal de ballen uit de pan en leg ze op een bordje.
- Pel en snijd de overige uien in halve ringen. Bak de ringen in de pan van de balletjes in circa 3 minuten bruin.
- Voeg de appelsap, appelstroop en de gehaktballetjes toe en laat circa 4 minuten garen.

BIETENSALADE

- Snijd de bietjes in blokjes. Snijd de appel in vieren, verwijder het klokhuis en snijd de appel in dunne repen.
- Meng in een kom de bietjes en de appel met de frambozenazijn en breng op smaak met een beetje zout en versgemalen peper.

SERVEREN

- Schep de aardappelpuree, de gehaktballetjes en de bietjes op de borden. Verdeel de appel over de bietjes.

TIP
Snijd nog een half bosje bieslook fijn en strooi deze over de salade om de bietensalade meer kleur te geven.

Balletjes
in Limburgse stroopsaus

HOOFDGERECHT
4 PERSONEN • BEREIDEN CA. 30 MIN.

Gepofte kastanje-champignons

met blauwe kaas

HOOFDGERECHT
4 PERSONEN • BEREIDEN CA. 30 MIN.

Ingrediënten

500 g kastanjechampignons
3 teentjes knoflook
1/2 bosje bladpeterselie
olijfolie om in te bakken
75 g zachte blauwe kaas
olijfolie extra vergine
1 courgette
295 g gegrilde paprika, pot
65 g walnoten
75 g rucola
8 plakken boerenbrood

EXTRA NODIG
aluminiumfolie
grillpan
ovenschaal

Bereiden

- Verwarm de oven voor op 200 °C.

GEPOFTE KASTANJECHAMPIGNONS MET BLAUWE KAAS

- Halveer de champignons. Pel en snijd 1 teentje knoflook fijn.
- Pluk en hak de peterselie fijn.
- Meng in de ovenschaal de champignons, knoflook, peterselie en een scheut olijfolie. Hussel goed door en bestrooi met een beetje zout en versgemalen peper.
- Verdeel de zachte blauwe kaas over de champignons en dek de ovenschaal af met aluminiumfolie.
- Pof de champignons circa 20 minuten in de voorverwarmde oven.

GEGRILDE GROENTE

- Pel en snijd de resterende teentjes knoflook fijn.
- Meng in een kommetje de knoflook met een scheut olijfolie extra vergine.
- Snijd de courgette in plakken en bestrijk de plakken met de knoflookolie.
- Verwarm de grillpan en gril de plakken courgette om en om in circa 2 minuten gaar.
- Snijd de gegrilde rode paprika in repen.
- Meng in een kom de courgette, paprika en een scheut olijfolie extra vergine en breng op smaak met een beetje zout en peper.

SALADE MET GEGRILD BROOD

- Bestrijk de sneetjes brood met de resterende knoflookolie en gril ze op de grillpan om en om circa 4 minuten.
- Rooster de walnoten circa 3 minuten in een droge pan en hak ze grof.
- Meng in een kom de walnoten, rucola en een scheut olijfolie extra vergine.

SERVEREN

- Schep de salade op de borden en verdeel daar de champignons en de gegrilde groente over. Serveer met het brood.

Ingrediënten

PITTIGE BIEFSTUKPUNTJES
300 g noedels
400 g biefstuk
2 teentjes knoflook
1 el sambal oelek
arachideolie

CHINESE RAUWKOSTSALADE
2 el sesamzaadjes
25 ml wittewijnazijn
1 el honing
75 ml arachideolie
75 ml yoghurt
1 Chinese kool
1 bosje radijs
1 bosje bosui

EXTRA NODIG
garde
wok

Bereiden

NOEDELS

- Kook de noedels gaar volgens de aanwijzingen op de verpakking.

PITTIGE BIEFSTUKPUNTJES

- Snijd de biefstuk in grove blokjes.
- Pel en snijd de teentjes knoflook fijn.
- Meng in een kom de biefstuk, knoflook, sambal oelek en een scheut olie. Breng op smaak met een beetje zout en peper. Laat circa 10 minuten marineren.
- Verhit een scheut olie in een wok en bak de biefstukpuntjes rondom goudbruin en gaar in circa 5 minuten.

CHINESE RAUWKOSTSALADE

- Verwarm een pan en rooster de sesamzaadjes circa 3 minuten.
- Meng in een grote kom de wittewijnazijn en de honing.
- Schenk onder voortdurend roeren met een garde de arachideolie erbij en roer tot een gladde dressing. Roer de yoghurt erdoor en breng op smaak met een beetje zout en peper.
- Snijd de Chinese kool in de lengte in vieren, verwijder de kern en snijd de Chinese kool in zo dun mogelijke reepjes.
- Snijd de radijsjes in vieren. Snijd de bosuitjes in ringetjes.
- Roer de Chinese kool, sesamzaadjes, radijsjes en de bosuitjes door de dressing.

SERVEREN

- Verdeel de noedels, Chinese rauwkostsalade en de pittige biefstukpuntjes over de borden.

Pittige biefstukpuntjes

met Chinese rauwkostsalade

HOOFDGERECHT

4 PERSONEN • BEREIDEN CA. 30 MIN. • MARINEREN CA. 10 MIN.

Ingrediënten

600 ml water	275 g basmatirijst
1 groentebouillonblokje	60 g el geschaafde amandelen
400 g zalmfilet	4 trostomaten
2 eieren	4 bosuitjes
1 ui	1 bosje bladpeterselie
olijfolie om in te bakken	1 el mangochutney
1 tl kerriepoeder	klontje boter

Bereiden

ZALMFILET

- Breng in een pan het water en het bouillonblokje aan de kook.
- Kook de zalm in de bouillon in circa 10 minuten gaar.
- Haal de zalm voorzichtig uit de bouillon en laat afkoelen op een bordje. Bewaar de bouillon.

EIEREN

- Breng een pan met water aan de kook en kook de eieren in circa 8 minuten hard. Laat de eieren schrikken in koud water en pel ze.
- Snijd de eieren in parten.

ZALMKEDGEREE

- Pel en snipper de ui.
- Verhit een scheut olie in een pan en fruit de ui en kerriepoeder circa 2 minuten.
- Voeg de rijst toe en bak circa 1 minuut mee.
- Schenk de bewaarde bouillon op de rijst en laat op laag vuur met deksel op de pan circa 15 minuten garen.
- Verwarm een pan en rooster de geschaafde amandelen circa 3 minuten.
- Snijd de tomaten in blokjes. Snijd de bosuitjes in dunne ringen.
- Pluk en hak de peterselie fijn.
- Scheur de zalm in stukjes.
- Meng de zalm, eieren, tomaten, bosuitjes, peterselie, mangochutney, geschaafde amandelen en boter door de rijst en breng op smaak met een beetje zout en versgemalen peper.

SERVEREN

- Verdeel de zalmkedgeree over de borden.

Zalmkedgeree

HOOFDGERECHT
4 PERSONEN • BEREIDEN CA. 30 MIN.

Zalmfilet

met gravadlaxsaus

HOOFDGERECHT

4 PERSONEN • BEREIDEN CA. 20 MIN. • OVENTIJD CA. 10 MIN.

Ingrediënten

KRIELTJES
700 g krieltjes met schil
zonnebloemolie
klontje boter

ZALMFILET MET GRAVADLAXSAUS
1 bosje dille
2 el fijne dijonmosterd
1 el wittewijnazijn
4 el suiker
80 ml zonnebloemolie
400 g zalmfilet met vel

BLOEMKOOL
1 bloemkool
4 bosuitjes
50 g amandelschaafsel
2 el kappertjes

EXTRA NODIG
bakpapier
garde

Bereiden

- Verwarm de oven voor op 180 °C.

KRIELTJES

- Boen de krieltjes schoon en snijd ze doormidden.
- Verhit een scheut olie en een klontje boter in een koekenpan en bak de krieltjes in circa 14 minuten goudbruin en krokant.

ZALMFILET MET GRAVADLAXSAUS

- Snijd de dille fijn.
- Meng de mosterd met de wittewijnazijn en de suiker. Schenk al roerend met een garde de zonnebloemolie erbij en roer de dille erdoor.
- Snijd de zalmfilet in 4 gelijke stukken, bestrooi met een beetje zout en peper en leg ze op een met bakpapier beklede bakplaat. Bestrijk de bovenkant van de zalm met gravadlaxsaus en bak de zalm in de voorverwarmde oven in circa 10 minuten gaar.

BLOEMKOOL

- Breng een pan met water en zout aan de kook. Snijd de bloemkool in kleine roosjes en kook in de pan met water in circa 5 minuten beetgaar.
- Giet de bloemkool af en schep terug in de pan.
- Snijd de bosuitjes in dunne ringen.
- Verwarm een pan en rooster het amandelschaafsel in circa 3 minuten goudbruin.
- Meng de bosuitjes, het amandelschaafsel en de kappertjes door de bloemkool en breng op smaak met een beetje versgemalen peper.

SERVEREN

- Verdeel de krieltjes en de bloemkool over de borden. Schep er een stukje zalmfilet bij.

Harissa-makreel

HOOFDGERECHT

4 PERSONEN • BEREIDEN CA. 20 MIN. • WELLEN CA. 10 MIN.

Ingrediënten

COUSCOUSSALADE
500 ml water
1 groentebouillonblokje
300 g couscous
1 krop andijvie
100 g dadels zonder pit
1 granaatappel

HARISSA-MAKREEL
20 ml olijfolie extra vergine
1 el harissa
4 gerookte makreelfilets

RAS EL HANOUT-TZATZIKI
2 teentjes knoflook
olijfolie om in te bakken
2 tl ras el hanout
1 komkommer
150 ml Griekse yoghurt

EXTRA NODIG
rasp

Bereiden

COUSCOUSSALADE

- Breng een pan met het water en het bouillonblokje aan de kook.
- Strooi de couscous in een grote kom, schenk de bouillon erop en dek af met een bord. Laat de couscous circa 10 minuten wellen. Roer los met een vork.
- Snijd de andijvie in dunne repen.
- Snijd de dadels fijn.
- Haal de pitjes uit de granaatappel.
- Meng de dadels, de andijvie en de granaatappelpitjes door de couscous.

HARISSA-MAKREEL

- Meng in een kom de olie met de harissa.
- Haal het vel van de makreel, pluk het visvlees en meng door de harissa-olie.

RAS EL HANOUT-TZATZIKI

- Pel en snijd de teentjes knoflook fijn. Verhit een scheut olie in een pan en fruit de knoflook en ras el hanout circa 2 minuten. Laat afkoelen.
- Rasp de komkommer fijn en knijp met je handen een beetje van het vocht eruit.
- Meng in een kom de komkommer met de Griekse yoghurt en meng de ras el hanout met knoflook erdoor.

SERVEREN

- Verdeel de couscoussalade over de borden en verdeel daarover de harissa-makreel. Serveer met een schep ras el hanout-tzatziki.

Romige courgettesoep
met munt

HOOFDGERECHT
4 PERSONEN • BEREIDEN CA. 30 MIN.

Ingrediënten

COURGETTESOEP MET MUNT
1 ui
1 teentje knoflook
4 courgettes
olijfolie
1 l water
2 groentebouillonblokjes
4 takjes munt

BELEGDE CIABATTA
1 ciabatta
1 bosje radijs
100 g gerookte zalm
125 ml crème fraîche
1 el geraspte mierikswortel
1 bakje tuinkers

EXTRA NODIG
staafmixer

Bereiden

ROMIGE COURGETTESOEP MET MUNT

- Pel en snipper de ui. Pel en snijd de knoflook fijn.
- Snijd de courgettes in de lengte in vieren en vervolgens in blokjes.
- Verhit een scheut olie in een soeppan en fruit de ui en knoflook circa 2 minuten.
- Voeg de courgetteblokjes toe en bak circa 1 minuut mee.
- Schenk het water erbij en voeg de bouillonblokjes toe. Breng aan de kook. Zet het vuur laag en laat de soep circa 10 minuten koken.
- Pureer de soep met een staafmixer glad en breng op smaak met versgemalen peper.
- Pluk en snijd de blaadjes munt in repen.

BELEGDE CIABATTA

- Snijd de ciabatta over de lengte in plakken. Snijd de radijsjes in vieren. Halveer de plakken gerookte zalm.
- Meng de crème fraîche met de geraspte mierikswortel.
- Besmeer de plakken ciabatta met de helft van de crème fraîche met mierikswortel en verdeel daar de radijs en de gerookte zalm over. Leg er als laatste een toefje tuinkers op.

SERVEREN

- Verdeel de soep over de soepkommen. Schep in het midden van de soep een lepel crème fraîche met mierikswortel en bestrooi met munt. Serveer het belegde brood erbij.

TIP
De soep is koud ook heerlijk!

Romige spitskool
met Parmezaanse kaas

HOOFDGERECHT
4 PERSONEN • BEREIDEN CA. 20 MIN.

Ingrediënten

ROMIGE SPITSKOOL MET PARMEZAANSE KAAS
300 g viergranenmacaroni
1 spitskool
40 g boter
400 g merguezworstjes
2 rode uien
50 g bloem
400 ml melk
100 g geraspte Parmezaanse kaas

RUCOLA
75 g rucola
olijfolie extra vergine
65 g walnoten

EXTRA NODIG
aluminiumfolie
garde

Bereiden

ROMIGE SPITSKOOL MET PARMEZAANSE KAAS

- Kook de macaroni gaar volgens de aanwijzingen op de verpakking.
- Breng een pan met water en zout aan de kook.
- Snijd de spitskool in de lengte door vieren, verwijder de kern en snijd de spitskool in dunne repen. Voeg de spitskool toe aan de pan en breng het water opnieuw aan de kook. Giet, zodra het water kookt, de kool direct af.
- Verhit de boter in een grote pan en bak de worstjes rondom in circa 6 minuten goudbruin en gaar. Haal de worstjes uit de pan en leg ze op een bordje. Dek het bordje af met aluminiumfolie.
- Pel en snijd de uien in halve ringen. Fruit de uien circa 2 minuten in de pan van de worstjes.
- Voeg de bloem toe en laat al roerend circa 2 minuten bakken.
- Giet de melk erbij en roer met een garde tot een gladde saus. Laat circa 3 minuten onder continu roeren zachtjes koken.
- Snijd de worstjes in stukjes van circa 1 centimeter.
- Roer de spitskool, worst, macaroni en Parmezaanse kaas door de saus en warm goed door. Breng op smaak met een beetje versgemalen peper.

RUCOLA

- Meng in een kom de rucola met een scheut olijfolie extra vergine.
- Verwarm een pan en rooster de walnoten in circa 4 minuten. Hak ze grof.

SERVEREN

- Verdeel de romige spitskool met Parmezaanse kaas over de borden. Leg hier een toef rucola op en strooi de walnoten erover.

Ingrediënten

ZEEWAARDIGE ZALMSALADE

600 ml water
1 groentebouillonblokje
400 g zalmfilet
65 g pecannoten
2 trostomaten
1 bosje bosui
1 krop kropsla
olijfolie extra vergine
1 meergranen stokbrood

BLEEKSELDERIJ-CONFITUUR

6 stengels bleekselderij
50 ml wittewijnazijn
3 el honing
1 steranijs

Bereiden

ZALMFILET GAREN

- Breng in een pan het water en het bouillonblokje aan de kook.
- Kook de zalmfilet in de bouillon in circa 10 minuten op laag vuur gaar. Zet het vuur uit en laat nog 5 minuten doorgaren.
- Schep de zalmfilet voorzichtig uit de bouillon en laat afkoelen op een bordje. Breek de zalm in stukjes.

BLEEKSELDERIJCONFITUUR

- Verwijder de harde draden van de bleekselderij. Halveer de bleekselderij in de lengte en snijd in kleine blokjes.
- Breng in een pannetje de wittewijnazijn, honing en steranijs aan de kook.
- Voeg de bleekselderij toe en stoof de bleekselderij in circa 10 minuten gaar.
- Verwijder de steranijs. Breng het geheel op smaak met een beetje zout en peper.

ZEEWAARDIGE ZALMSALADE

- Rooster de pecannoten circa 4 minuten in een pan. Laat even afkoelen en hak ze daarna fijn.
- Snijd de tomaten in blokjes. Snijd de bosuitjes in dunne ringen.
- Pluk de blaadjes sla.
- Meng in een grote kom de zalm, pecannoten, tomaten, bosui, kropsla en een scheut olijfolie extra vergine en breng op smaak met een beetje zout en peper.
- Snijd het stokbrood in plakken.

SERVEREN

- Verdeel de salade over de borden en schep de bleekselderijconfituur eroverheen. Serveer met het stokbrood.

Zeewaardige zalmsalade

HOOFDGERECHT

4 PERSONEN • BEREIDEN CA. 20 MIN. • STOVEN CA. 10 MIN.

DRY
SUPER
TOKYO
12
JPN

Bianca Janssen

Bianca is geboren in Venray. Met Limburgs optimisme begon zij op haar veertiende met een bijbaantje als afwashulp. Ze was onder de indruk van de hectiek in de keuken, de zalige geuren, de prachtige gerechten en de verse ingrediënten en wist direct dat ze kok zou worden. Vanaf dat moment heeft Bianca diverse opleidingen gevolgd om haar passie verder te ontwikkelen. Ze vond het prachtig om te zien wat er in de keuken allemaal mogelijk is; alle verse ingrediënten werden één grote inspiratiebron.

Bij 24Kitchen presenteerde Bianca eerst de Verstip. Verse ingrediënten, verrassende bereidingen en kleine kookgeheimen zijn de formule voor de Verstip. Hierdoor werd Bianca geïnspireerd zich meer te verdiepen in uitgebalanceerde, gezonde, verse maaltijden die snel en makkelijk te bereiden zijn. Ze vindt het heerlijk om precies dát te mogen doen waar haar hart ligt en geniet ervan deze passie over te brengen aan de kijkers van 24Kitchen. In *De Makkelijke Maaltijd* bereidt Bianca wekelijks recepten voor het hele gezin: snel, makkelijk, gezond en zonder strijd aan tafel!

Kleurige paprika-omelet

HOOFDGERECHT

4 PERSONEN • BEREIDEN CA. 30 MIN.

Ingrediënten

2 zoete uien	1 citroen
1 teentje knoflook	1 tl grove mosterd
olijfolie	olijfolie extra vergine
1 paprikamix (3 paprika's)	2 kropjes little gem
8 eieren	8 sneetjes volkorenbrood
1 bosje bladpeterselie	

Bereiden

- Pel en snijd de uien in halve ringen.
- Pel en snijd de knoflook fijn.
- Verhit een scheut olie in een koekenpan en fruit de ui en knoflook circa 2 minuten.
- Halveer de paprika's in de lengte, verwijder de zaadlijsten en snijd de paprika's in reepjes. Voeg de paprika's toe aan de pan en bak circa 6 minuten mee tot ze zacht zijn.
- Verhit een scheut olijfolie in een tweede koekenpan en schep de helft van de gebakken paprika's erin.
- Kluts de eieren in een kom.
- Pluk en hak de blaadjes peterselie fijn en roer door de eieren. Breng op smaak met een beetje zout en versgemalen peper.
- Schenk de eieren bij de groente in de twee pannen en laat de omeletten op laag vuur, met deksel op de pan, circa 5 minuten garen.
- Draai de omelet met behulp van de deksel om en bak de andere kant op laag vuur in circa 3 minuten goudbruin.
- Halveer de citroen en knijp het sap uit in een kom. Meng de mosterd en een scheut olie extra vergine erdoor.
- Snijd de onderkant van de little gems en maak de blaadjes los. Meng de blaadjes sla met de dressing.
- Haal de omelet uit de pan en snijd de omelet in punten.

SERVEREN

- Verdeel de omelet over de borden en serveer de salade en het brood erbij.

Ingrediënten

TIP
Bewaar de salade afgedekt met plasticfolie in de koelkast.

KOMKOMMER-TOMATENSALADE
1 rode ui
1 komkommer
4 tomaten
25 ml balsamicoazijn
75 ml olijfolie extra vergine

PANNENKOEKEN
100 g volkorenmeel
50 g zelfrijzend bakmeel
2 eieren
200 ml melk
olie
zonnebloemolie

BELEG
2 kropjes little gem
1 avocado
100 g plakjes gekookte ham

EXTRA NODIG
garde
plasticfolie
(vrolijke) satéprikkers

Bereiden

KOMKOMMER-TOMATENSALADE

- Pel en snipper de ui.
- Halveer de komkommer in de lengte en snijd de komkommer in dunne plakken.
- Halveer de tomaten en snijd de tomaten in dunne plakken.
- Meng de komkommer met de tomaten, de ui, de balsamicoazijn en de olijfolie extra vergine. Breng op smaak met een beetje zout en peper.

PANNENKOEKEN

- Meng het volkorenmeel met het zelfrijzend bakmeel.
- Meng de eieren met de melk.
- Schenk het eimengsel al roerende met een garde beetje bij beetje bij het meel. Blijf goed roeren zodat er geen klontjes ontstaan.
- Verhit een scheut olie in een koekenpan en bak 12 gelijke pannenkoekjes van het beslag.

BELEG

- Snijd de onderkant van de kropjes little gem sla en maak de blaadjes los.
- Halveer de avocado in de lengte, verwijder de pit en snijd het vruchtvlees in repen.
- Snijd de ham in repen.

SERVEREN

- Leg een pannenkoekje op de borden. Leg er 2 blaadjes little gem op en verdeel de helft van de avocado en ham erover.
- Leg er een eetlepel komkommer-tomatensalade op en leg er een pannenkoekje op. Leg er weer 2 blaadjes little gem op en de resterende avocado en ham.
- Leg er nog een eetlepel salade op en de laatste pannenkoekjes en steek er een satéprikker in.
- Serveer de resterende salade naast de pannenkoeken-clubsandwich.

Pannenkoeken-clubsandwich

HOOFDGERECHT

4 PERSONEN • BEREIDEN CA. 30 MIN.

Ingrediënten

TOMATENSOEP
1 ui
1 teentje knoflook
olijfolie om in te bakken
10 tomaten
1 kleine winterpeen
2 takjes tijm
750 ml water
50 ml slagroom

KNOLSELDERIJSALADE
1 kleine knolselderij
2 vastkokende aardappels
100 g rozijntjes
2 el mayonnaise
4 el yoghurt
1 bosje bieslook
8 volkoren pitabroodjes

EXTRA NODIG
cocktailprikker
grove rasp
keukenpapier
staafmixer

Bereiden

TOMATENSOEP

- Pel en snipper de ui. Pel en snijd de knoflook fijn.
- Verhit een scheut olie in een pan en fruit de ui circa 3 minuten.
- Haal de kroontjes uit de tomaten. Snijd de tomaten in stukjes, voeg ze toe aan de ui en bak, op hoog vuur, 5 minuten mee.
- Schil en snijd de wortel in stukjes.
- Voeg de wortel en tijm toe aan de pan en schenk het water erbij. Breng aan de kook en kook de soep op laag vuur circa 20 minuten.
- Pureer de soep met de staafmixer.

KNOLSELDERIJSALADE

- Breng een pan met water en zout aan de kook. Schil en rasp de knolselderij en aardappels op een grove rasp. Kook de knolselderij en aardappel tegelijk in circa 4 minuten beetgaar.
- Giet af, spoel koud en dep goed droog met keukenpapier.
- Snijd de bieslook zo fijn mogelijk.
- Meng in een kom de knolselderij en aardappel met de rozijntjes, mayonaise, yoghurt en bieslook. Breng op smaak met een beetje zout en peper.
- Rooster de pitabroodjes volgens de aanwijzingen op de verpakking.

SERVEREN

- Schenk de tomatensoep in kommen en schenk er aan tafel een scheut room in. Maak er met een cocktailprikker leuke figuurtjes van.
- Serveer de pitabroodjes met de knolselderijsalade erbij.

Tomatensoep

met roomfiguurtjes en pitatjes

HOOFDGERECHT

4 PERSONEN • BEREIDEN CA. 30 MIN.

Visfrietjes

met groente en zachte kerriesaus

HOOFDGERECHT

4 PERSONEN • BEREIDEN CA. 35 MIN.

Ingrediënten

800 g aardappels
1 bosje bieslook
40 g boter
3 tl kerriepoeder
20 g bloem
250 ml melk
1 stronk broccoli
1 kleine bloemkool
olijfolie om in te bakken

VISFRIETJES
2 eieren
75 g bloem
100 g paneermeel
400 g kabeljauwfilet
klontje boter

EXTRA NODIG
garde
keukenpapier

Bereiden

CONFETTI-AARDAPPELS

- Breng een pan met water en zout aan de kook.
- Schil en snijd de aardappels in gelijke stukken. Kook de aardappels in de pan met water in circa 15 minuten gaar. Giet de aardappels af en laat ze uitwasemen.
- Snijd de bieslook fijn en roer met de helft van de boter door de aardappels.

GROENTE EN ZACHTE KERRIESAUS

- Smelt de rest van de boter in een pan, voeg de kerriepoeder toe en bak circa 2 minuten mee op laag vuur.
- Voeg de bloem toe en bak circa 3 minuten mee.
- Schenk al roerende met een garde de melk erbij en gaar de kerriesaus op laag vuur circa 10 minuten. Roer af en toe goed door.
- Breng een pan met water en zout aan de kook.
- Verdeel de broccoli en bloemkool in kleine roosjes. Kook de groente in de pan met water in circa 4 minuten beetgaar. Giet de groente af en laat goed uitlekken.

VISFRIETJES

- Kluts de eieren in een kommetje, strooi de bloem in een bord en het paneermeel in een ander bord.
- Snijd de kabeljauwfilet in gelijke repen.
- Verhit een scheut olie en een klontje boter in een pan.
- Wentel de kabeljauw door de bloem, het ei en het paneermeel en bak in de pan met olie en boter in circa 6 minuten om en om goudbruin en gaar.
- Laat de frietjes uitlekken op keukenpapier.

SERVEREN

- Verdeel de aardappels en visfrietjes over de borden en schep de broccoli en bloemkool met zachte kerriesaus ernaast.

Pasta met doperuten,
ham en pesto

HOOFDGERECHT
4 PERSONEN • BEREIDEN CA. 30 MIN.

Ingrediënten

300 g volkoren penne
1 ui
2 teentjes knoflook
1 bosje bospeentjes
olijfolie om in te bakken
2 rode paprika's
400 g doperwten, diepvries
100 ml kookroom
150 g gekookte ham

PESTO
1 bosje basilicum
50 g pijnboompitten
75 g geraspte Parmezaanse kaas
1 citroen
2 el olijfolie extra vergine

EXTRA NODIG
staafmixer

Bereiden

- Kook de penne volgens de aanwijzingen op de verpakking.
- Pel en snipper de ui. Pel en snijd de teentjes knoflook fijn.
- Schil en snijd de bospeentjes in dunne plakjes.
- Verhit een scheut olie in een pan en fruit de ui en de knoflook in circa 4 minuten glazig.
- Halveer de paprika's in de lengte, verwijder de zaadlijsten en snijd de paprika's in reepjes.
- Bak de paprika's en de helft van de bospeentjes circa 5 minuten mee en schenk de kookroom erbij. Kook circa 5 minuten door.
- Snijd de ham in dunne reepjes en roer de ham en de doperwten door de saus. Voeg de penne toe, warm goed door en breng op smaak met een beetje zout en peper.

PESTO
- Pluk het basilicum en pureer het met de pijnboompitten, twee derde van de Parmezaanse kaas, sap van een halve citroen en de olijfolie met de staafmixer.

SERVEREN
- Verdeel de pasta over de borden en verdeel de pesto erover. Bestrooi met de resterende Parmezaanse kaas.
- Serveer de resterende bospeentjes rauw in een schaaltje bij de pasta.

Ingrediënten

ZALMKOEKJES MET YOGHURT-BIESLOOKDIP
500 g kruimige aardappels
400 g zalm, blik
1 bosje bieslook
2 eieren
olijfolie om in te bakken
100 ml Griekse yoghurt

VIJFKLEURENGROENTE
1 ui
1 teentje knoflook
2 rode paprika's
1 kleine winterwortel
250 g sperziebonen
150 g maïs, blik
300 g bruine bonen, blik

EXTRA NODIG
pureestamper
grove rasp

Bereiden

ZALMKOEKJES MET YOGHURT-BIESLOOKDIP

- Breng een pan met water en zout aan de kook.
- Schil en snijd de aardappels in gelijke stukken. Kook de aardappels in het water in circa 15 minuten gaar. Giet de aardappels af en laat ze uitwasemen.
- Giet de zalm af en maak in een kom los met een vork.
- Snijd de bieslook fijn.
- Meng de aardappels met de zalm, de helft van de bieslook (de rest is voor het sausje), en de eieren en breng op smaak met peper. Rol 12 balletjes van het beslag en druk ze een beetje plat.
- Meng de Griekse yoghurt met de resterende bieslook en breng op smaak met peper.

VIJFKLEURENGROENTE

- Breng een pan met water een beetje zout aan de kook.
- Pel en snipper de ui. Pel en snijd de knoflook fijn.
- Halveer de paprika's in de lengte, verwijder de zaadlijsten en snijd de paprika's in dunne reepjes.
- Verhit een scheut olie in een pan en fruit de ui en knoflook circa 3 minuten.
- Voeg de paprika's toe en bak circa 4 minuten mee.
- Haal de uiteindes van de sperziebonen en breek de bonen doormidden. Kook de sperziebonen in een pan met water in circa 6 minuten gaar. Giet de bonen af.
- Giet de maïs af. Schil en rasp de wortel.
- Voeg de wortel, mais en sperziebonen toe en warm goed door. Breng op smaak met peper.

ZALMKOEKJES BAKKEN

- Verhit een scheut olijfolie in een (koeken)pan en bak de zalmkoekjes in circa 5 minuten om en om goudbruin.

SERVEREN

- Verdeel de groente over het midden van de borden en leg er 3 zalmkoekjes bij. Serveer de yoghurt-bieslooksaus erbij.

Zalmkoekjes

met yoghurt-bieslookdip en vijfkleurengroente

HOOFDGERECHT

4 PERSONEN • BEREIDEN CA. 30 MIN.

Ingrediënten

700 g zoete aardappels
olijfolie extra vergine
rijstolie
250 g champignons
1 teentje knoflook
1 ui
200 g gedroogde abrikozen
200 ml kokosmelk
4 bosuitjes
200 g sugar snaps
400 g kipfilet

EXTRA NODIG
pureestamper
wok

Bereiden

ZOETE AARDAPPELPUREE

- Schil en snijd de zoete aardappels in gelijke stukken. Breng een pan met water en zout aan de kook en kook de aardappels in circa 20 minuten gaar.
- Giet de aardappels af en stoom ze droog.
- Stamp de aardappels fijn met de pureestamper en maak de puree smeuïg met een flinke scheut olijfolie extra vergine.

ROMIGE KOKOSKIP

- Verhit een scheut rijstolie in de wok.
- Snijd de champignons in plakken en bak ze circa 6 minuten in de wok.
- Pel en snijd de knoflook fijn. Pel en snipper de ui.
- Snijd de abrikozen in kleine stukjes.
- Voeg de knoflook, ui en abrikozen toe aan de champignons en bak circa 5 minuten mee.
- Schenk de kokosmelk erbij en laat op laag vuur in circa 5 minuten inkoken.
- Snijd de bosuitjes in dunne ringetjes.
- Verwijder indien nodig de harde draden van de sugar snaps. Roer de bosuitjes en de sugar snaps door de groente in de wok en laat in circa 4 minuten gaar worden.
- Verhit een scheut rijstolie in een pan.
- Snijd de kipfilet in kleine stukjes en bak de kipfilet om en om in circa 5 minuten goudbruin en gaar. Roer de kipfilet door de groente.

SERVEREN

- Verdeel de zoete-aardappelpuree over de borden en schep de romige kip met groente erbij.

Romige kokoskip

HOOFDGERECHT
4 PERSONEN • BEREIDEN CA. 30 MIN.

Koolrolletjes met spicy gehakt

HOOFDGERECHT
4 PERSONEN • BEREIDEN CA. 30 MIN. • OVENTIJD CA. 25 MIN.

Ingrediënten

800 ml water
2 kippenbouillonblokjes
10 saffraandraadjes
300 g zilvervliesrijst
1 Chinese kool
400 g rundergehakt
1 ei
1 tl sambal
2 tl kerriepoeder
2 paprika's
olijfolie om in te bakken

EXTRA NODIG
ovenschaal

Bereiden

- Verwarm de oven voor op 200 °C.
- Breng het water aan de kook en los de bouillonblokjes erin op.
- Schenk de helft van de bouillon in de ovenschaal.
- Breng de andere helft van de bouillon met de saffraandraadjes en de rijst aan de kook en kook in circa 15 minuten gaar. Giet de rijst eventueel af en laat de rijst met deksel op de pan doorgaren.
- Breng een pan met water aan de kook.
- Haal 12 bladeren van de kool en kook ze in 2-3 minuten beetgaar, spoel ze koud en laat goed uitlekken.
- Meng het gehakt met het ei, de sambal en de kerriepoeder.
- Leg de gekookte koolbladeren uit over het aanrecht en verdeel het gehakt erover. Rol de bladeren op en vouw de zijkanten naar binnen. Leg de koolrolletjes met de naad naar beneden in de ovenschaal met de bouillon en laat in circa 25 minuten gaar worden in de voorverwarmde oven.
- Snijd de rest van de kool fijn.
- Halveer de paprika's in de lengte, verwijder de zaadlijsten en snijd de paprika's in blokjes.
- Verhit een scheut olie in de wok en bak de paprika circa 4 minuten. Voeg de kool toe en bak circa 6 minuten of tot de kool geslonken is.

SERVEREN

- Verdeel de rijst en de groente over de borden en leg de koolrolletjes erbij.

TIP
Is het gehakt te nat? Voeg dan wat paneermeel toe.

Paella voor de kids

HOOFDGERECHT

4 PERSONEN • BEREIDEN CA. 30 MIN.

Ingrediënten

800 ml water
2 groentebouillonblokjes
0,5 g saffraandraadjes
1 ui
2 teentjes knoflook
olijfolie om in te bakken
300 g risottorijst
2 paprika's
250 g cherrytomaatjes
200 g haricots verts
200 g doperwten, diepvries
300 g roze garnalen
1 citroen

EXTRA NODIG
wok

Bereiden

- Breng het water aan de kook en los de bouillonblokjes erin op. Zet het vuur laag en voeg de saffraan toe.
- Pel en snipper de ui. Pel en snijd de teentjes knoflook fijn.
- Verhit een scheut olie in de wok en fruit de ui en knoflook. Voeg de rijst toe en bak kort mee. Voeg zoveel bouillon toe dat de rijst net onder staat en laat de bouillon al roerende verdampen. Herhaal dit tot de rijst gaar is. Dit duurt circa 20 minuten.
- Halveer de paprika's in de lengte, verwijder de zaadlijsten en snijd de paprika's in blokjes.
- Halveer de cherrytomaatjes
- Snijd de uiteindes van de haricots verts en snijd de haricots verts in kleine stukjes.
- Roer de paprika, tomaatjes, haricots verts en doperwtjes door de gare rijst. Warm goed door en voeg de garnalen toe.
- Halveer de citroen en pers één helft uit boven de paella. Snijd de andere helft in parten.

SERVEREN

- Verdeel de paella over de borden en serveer de partjes citroen erbij.

Pannenkoeken met romige spinazie

HOOFDGERECHT

4 PERSONEN • BEREIDEN CA. 30 MIN.

Ingrediënten

1 ei
350 ml melk
200 g volkorenbloem
zonnebloemolie
100 g geschaafde amandelen
250 g kastanjechampignons
2 teentjes knoflook
2 takjes tijm
450 g spinazie
200 g bruine bonen, pot
200 g doperwten, diepvries
100 g roomkaas

EXTRA NODIG
garde
wok

Bereiden

PANNENKOEKEN BAKKEN

- Breng een pan met een laagje water aan de kook en leg er een bord op.
- Meng het ei door de melk. Roer het eimengsel met een garde door de volkorenbloem tot het een glad beslag is.
- Verhit een scheut olie in een pan met antiaanbaklaag en bak met het beslag circa 6 pannenkoeken om en om goudbruin. Leg de pannenkoeken die klaar zijn op het bord op de pan met water en leg er een deksel op. Zo blijven ze lekker warm.

PANNENKOEKEN MET ROMIGE SPINAZIE

- Verwarm de wok en rooster de amandelen in circa 3 minuten goudbruin. Laat ze afkoelen op een bordje.
- Snijd de champignons in vieren.
- Verhit een scheut olie in de wok en bak de champignons in circa 7 minuten goudbruin.
- Pel en snijd de teentjes knoflook fijn en ris de tijm. Voeg de knoflook en tijm toe en bak circa 2 minuten mee.
- Voeg de spinazie in delen toe tot de spinazie helemaal geslonken is. Zorg ervoor dat al het vocht verdampt is. Laat de spinazie indien nodig even uitlekken op een zeef.
- Spoel de bonen af onder de kraan en laat ze uitlekken.
- Roer de bonen en de doperwten door de spinazie, warm goed door en meng de roomkaas erdoor.
- Leg de pannenkoeken uit op het aanrecht en verdeel de romige spinazie erover. Rol de pannenkoeken op en snijd ze diagonaal door.

Ingrediënten

275 g zilvervliesrijst
6 tomaten
1 ui
6 dadels zonder pit
350 g rundergehakt
1 tl kaneelpoeder
1 tl komijnpoeder
1 tl kerriepoeder
1 ei
50 g paneermeel
olijfolie om in te bakken
1 courgette

EXTRA NODIG
staafmixer

Bereiden

- Kook de rijst volgens de aanwijzingen op de verpakking.
- Snijd de tomaten in grove stukken en pureer fijn met de staafmixer.
- Pel en snipper de ui.
- Snijd de dadels in kleine stukjes.
- Meng ui, dadels, kaneelpoeder, komijnpoeder, kerriepoeder, ei, paneermeel en een beetje zout en peper door het gehakt.
- Verhit een scheut olie in een pan. Draai met natte handen van het gehakt balletjes zo groot als pingpongballen en bak ze in circa 6 minuten om en om goudbruin.
- Voeg de gepureerde tomaten toe en stoof de balletjes met deksel op de pan in circa 10 minuten gaar. Breng op smaak met een beetje zout en peper.
- Snijd de courgette in blokjes.
- Verhit een scheut olie in een pan en bak de courgette in circa 4 minuten goudbruin en gaar. Roer de gekookte rijst erdoor en warm goed door.

SERVEREN

- Verdeel de rijst en het Marokkaanse gehakt met de tomatensaus over de borden.

Marokkaans gehakt

HOOFDGERECHT
4 PERSONEN • BEREIDEN CA. 30 MIN.

Ingrediënten

RIJST
2 venkelknollen
olijfolie om in te bakken
300 g meergranenrijst
400 ml water
1 groentebouillonblokjes

ROMIGE ZALMRAGOUT
1 ui
1 teentje knoflook
40 g boter
40 g bloem
400 ml water
1 groentebouillonblokje
1 bosje bospeentjes
olijfolie
400 g verse zalmfilet
200 g doperwten, diepvries
1 bosje basilicum

EXTRA NODIG
garde

Bereiden

RIJST

- Halveer de venkelknollen en snijd ze in blokjes.
- Verhit een scheut olie in een pan en fruit de venkel circa 5 minuten.
- Voeg de rijst toe en fruit circa 3 minuten mee. Schenk het water erop en voeg het bouillonblokje toe. Kook de rijst in circa 15 minuten gaar en laat afgedekt met een deksel nog even doorgaren.

ROMIGE ZALMRAGOUT

- Pel en snipper de ui. Pel en snijd de knoflook fijn.
- Smelt de boter in een pan en fruit daarin de ui en knoflook. Voeg de bloem toe en roer met een houten lepel tot een bal, de roux. Zodra de deegbal vet los begint te laten is de bloem gaar. Dit duurt circa 2 minuten. Voeg al roerende met een garde het resterende water toe. Los het bouillonblokje erin op en kook onder af en toe roeren op laag vuur circa 10 minuten door.
- Schil en snijd de bospeentjes in plakjes.
- Verhit een scheut olie in een pan en bak de bospeentjes circa 3 minuten.
- Snijd de zalm in blokjes en bak circa 3 minuten mee met de bospeentjes. Roer de zalm met de bospeentjes en de doperwten door de gekookte saus.
- Pluk en snijd het basilicum fijn en roer de helft door de zalmragout.

SERVEREN

- Verdeel de rijst over de borden en schep er een lepel zalmragout bij. Bestrooi met het resterende basilicum.

Romige zalmragout

HOOFDGERECHT
4 PERSONEN • BEREIDEN CA. 30 MIN.

Brandade van gerookte makreel

HOOFDGERECHT

4 PERSONEN • BEREIDEN CA. 30 MIN.

Ingrediënten

BRANDADE
3 teentjes knoflook
800 g kruimige aardappels
100 ml melk
olijfolie extra vergine
2 gerookte makrelen
400 g raapstelen

GEBAKKEN ASPERGES EN CHERRYTOMATEN
1 bosje witte asperges
olijfolie
250 g cherrytomaten
65 g geschaafde amandelen

EXTRA NODIG
pureestamper

Bereiden

BRANDADE VAN GEROOKTE MAKREEL

- Breng een pan met water aan de kook.
- Pel de teentjes knoflook.
- Schil en snijd de aardappels in gelijke stukken. Kook de aardappels met de teentjes knoflook in de pan met water in circa 15 minuten gaar. Giet de aardappels af en laat ze uitwasemen, maar niet te veel afkoelen.
- Pureer de aardappels fijn met een pureestamper en roer de melk en een flinke scheut olijfolie extra vergine erdoor.
- Maak de makrelen schoon en pluk ze in kleine stukjes. Roer de makreel door de aardappelpuree en breng op smaak met versgemalen peper.
- Roer vlak voor het serveren de raapstelen erdoor.

GEBAKKEN ASPERGES EN CHERRYTOMATEN

- Schil de asperges, snijd ongeveer 2 centimeter van de onderkant af en snijd de asperges in stukjes.
- Verhit een scheut olie in een koekenpan en bak de asperges in circa 5 minuten goudbruin.
- Halveer de cherrytomaten en bak ze circa 2 minuten mee met de asperges.
- Voeg de amandelen toe en bak ze circa 5 minuten mee tot ze goudbruin worden.

SERVEREN

- Schep de brandade op borden en verdeel de gebakken asperges en cherrytomaten erover.

Verrassingssoep
met gegrilde schol

HOOFDGERECHT
4 PERSONEN • BEREIDEN CA. 30 MIN. • OVENTIJD CA. 8 MIN.

Ingrediënten

VERRASSINGSSOEP MET GEGRILDE SCHOL
5 trostomaten
1 komkommer
1 rode paprika
2 teentjes knoflook
1 bosje basilicum
olijfolie extra vergine
50 ml wittewijnazijn
4 scholfilets

VERWEND BROOD
8 sneetjes bruinbrood
1 bosje bieslook
2 el zongedroogde tomaat
100 g zachte boter

EXTRA NODIG
bakpapier
grillpan
staafmixer

Bereiden

VERRASSINGSSOEP

- Snijd de tomaten en komkommer in blokjes.
- Halveer de paprika in de lengte en verwijder de zaadlijsten. Snijd de paprika in blokjes.
- Pel en snijd de teentjes knoflook in plakjes
- Pluk de helft van het bosje basilicum.
- Pureer met een staafmixer de tomaten, komkommer, paprika, knoflook, het basilicum, een flinke scheut olijfolie extra vergine en de azijn zo fijn mogelijk. Breng eventueel op smaak met een beetje zout en peper.
- Zet de verrassingssoep in de koelkast.

VERWEND BROOD

- Verwarm de oven voor op 200 °C.
- Leg de sneetjes brood op een met bakpapier beklede bakplaat en bak het brood in circa 8 minuten krokant.
- Snijd de bieslook fijn. Snijd de zongedroogde tomaten in dunne repen.
- Meng de bieslook en zongedroogde tomaten door de boter. Besmeer het brood vlak voor het serveren met de boter.

GEGRILDE SCHOLFILET

- Verwarm een grillpan.
- Bestrijk de scholfilet aan beide kanten met olijfolie en gril in circa 5 minuten om en om goudbruin en gaar.

SERVEREN

- Verdeel de soep over de borden. Leg de schol op het brood en serveer bij de soep.

TIP
Voor een gladdere soep kun je de paprika en komkommer schillen.

Ingrediënten

SPANNENDE STAMPPOT
800 g aardappels
2 teentjes knoflook
olijfolie extra vergine
65 g hazelnoten
1 rode peper
1 prei
1 krop andijvie
150 g jong belegen kaas aan stuk

SLIPTONG
olijfolie om in te bakken
8 sliptongfilets
1 citroen
50 g boter

EXTRA NODIG
keukenpapier
pureestamper

Bereiden

SPANNENDE STAMPPOT

- Breng een pan met water en zout aan de kook.
- Schil en snijd de aardappels in gelijke stukken en pel de teentjes knoflook. Kook de aardappels met de teentjes knoflook in de pan met water in circa 15 minuten gaar. Giet de aardappels af. Pureer de aardappels fijn met de pureestamper en maak smeuïg met een scheut olijfolie.
- Rooster de hazelnoten in een droge koekenpan in circa 5 minuten goudbruin. Haal ze uit de pan en laat ze afkoelen. Hak de noten grof met een mes.
- Snijd de uiteindes van de peper en rol de zaadjes eruit. Snijd de peper in ringetjes.
- Halveer de prei, spoel schoon onder de kraan en snijd de prei in halve ringetjes.
- Snijd de andijvie in dunne repen.
- Meng de hazelnoten, rode peper, prei en andijvie door de aardappelpuree en breng op smaak met een beetje zout en peper. Warm de stamppot op laag vuur goed door.
- Snijd de kaas in blokjes en roer net voor het opscheppen door de stamppot.

SLIPTONG

- Verhit een scheut olie in een koekenpan.
- Dep de sliptongen droog met keukenpapier en bak de ene kant in circa 3 minuten goudbruin. Voeg de boter toe en draai de sliptongen om. Bak de andere kant ook in circa 3 minuten goudbruin.
- Halveer de citroen en knijp het sap uit boven de sliptongen. Warm circa 1 minuut door.

SERVEREN

- Verdeel de stamppot over de borden en leg de sliptongen erop.

Frisse sliptong
met spannende stamppot

HOOFDGERECHT
4 PERSONEN • BEREIDEN CA. 30 MIN.

Tonijnwrap

om van te smullen

HOOFDGERECHT

4 PERSONEN • BEREIDEN CA. 30 MIN.

Ingrediënten

4 eieren
olijfolie om in te bakken
500 g voorgekookte krieltjes
400 g sperziebonen
2 uien
2 tomaten
1 el kerriepoeder
150 ml water
2 blikjes tonijn à 185 g
8 wraps

Bereiden

- Breng een pan met water aan de kook en kook de eieren in circa 10 minuten hard. Laat de eieren schrikken in koud water.
- Pel de eieren en halveer ze.
- Verhit een scheut olie in een pan en bak de krieltjes in circa 12 minuten goudbruin.
- Snijd de uiteindes van de sperziebonen en halveer ze.
- Pel en snipper de uien. Snijd de tomaten in blokjes.
- Verhit een scheut olie in een pan en fruit de uien circa 3 minuten. Voeg de kerriepoeder toe en bak circa 2 minuten mee. Voeg de sperziebonen en tomaten toe en schenk het water erop. Leg het deksel half op de pan en laat circa 6 minuten koken.
- Giet de tonijn af.
- Roer de krieltjes en de tonijn door de groente en warm goed door.
- Verwarm de wraps volgens de aanwijzingen op de verpakking.

SERVEREN

- Verdeel de vulling over één helft van de wraps en verdeel de eieren erover. Klap de wraps dubbel en leg ze op borden.

Evert te Pas

Evert heeft de hotelschool in Tilburg afgerond en reisde vervolgens de wereld over. Inmiddels is de reislustige kok mede-eigenaar en chef-kok van restaurant te Pas in Amsterdam. Dit restaurant heeft hij samen met zijn broer opgebouwd en het begint nu na zes jaar een begrip te worden onder de lekkerbekken van Amsterdam. Het is zijn beroep, maar Evert heeft koken nooit als werk ervaren. Hij ziet het meer als een uit de hand gelopen hobby: 'Ik kan gerechten zien ontstaan doordat ik een product zie liggen op de markt of in de winkel. Mijn brein slaat dan helemaal op hol en ik kan dan alleen maar denken hoe ik iets ga bereiden.'

In *De Makkelijke Maaltijd* laat Evert de klassiekers zien van de Hollandse keuken. Onze eigen keuken heeft talloze lekkere, traditionele gerechten, maar hoe maak je ze ook al weer…? Verwacht van Evert dus heerlijke gerechten die passen in het seizoen en binnen onze cultuur!

Geitenkaasfondue
met Hollandse dippers

HOOFDGERECHT

4 PERSONEN • BEREIDEN CA. 30 MIN. • OVENTIJD CA. 20 MIN.

Ingrediënten

2 plakjes bladerdeeg
1 tl Provençaalse kruiden
1 ei
400 g zachte geitenkaas
1 teentje knoflook
200 ml kookroom
250 g champignons
1 bosje bospeentjes
1 rode paprika
1 gele paprika
4 stengels bleekselderij
1 volkoren stokbrood

EXTRA NODIG
bakpapier
ovenschaal

Heb je een fonduepan met brander en wil je deze fondue daarin bereiden? Roer dan 1 eetlepel maïzena met 1 eetlepel koude room glad en voeg dit toe aan de kaasfondue. Dit zorgt ervoor dat de kaas niet gaat schiften.

Bereiden

SOEPSTENGELS

- Verwarm de oven voor op 200 °C.
- Laat het bladerdeeg ontdooien.
- Kluts het ei in een kommetje.
- Bestrijk het bladerdeeg met het ei en strooi de Provençaalse kruiden en een beetje zout erover. Snijd elk plakje in 6 gelijke repen en leg deze op een met bakpapier beklede bakplaat.
- Bak de soepstengels in de voorverwarmde oven in circa 15 minuten krokant.

GEITENKAASFONDUE

- Breng een grote pan met een laag water aan de kook. Zet hier een iets kleinere pan in voor de fondue (au bain-marie).
- Snijd de geitenkaas in plakken. Pel en halveer de knoflook.
- Schenk de room in de kleine pan en voeg de geitenkaas en knoflook toe. Laat de kaas in circa 10 minuten smelten en roer af en toe goed door.
- Schep de knoflook uit de pan.

HOLLANDSE DIPPERS

- Verdeel de champignons over een ovenschaal, besprenkel met olie en gaar ze circa 6 minuten in de voorverwarmde oven.
- Schil of schrap de bospeentjes, laat een centimeter groen eraan zitten en snijd de bospeentjes in stukjes.
- Halveer de paprika's in de lengte, verwijder de zaadlijsten en snijd de paprika's in repen.
- Verwijder de harde draden van de bleekselderij en snijd de bleekselderij in stukjes.

SERVEREN

- Snijd het stokbrood in plakken.
- Serveer de kaasfondue met de twee pannen in elkaar op tafel en geef iedereen een bordje met de groente, soepstengels en brood om te dippen.

Biefstuk met brood, jus en salade

HOOFDGERECHT
4 PERSONEN • BEREIDEN CA. 30 MIN.

Ingrediënten

4 biefstukken à 140 gram
1 sjalot
1 teentje knoflook
zonnebloemolie
50 g roomboter
200 ml water
1 tl mosterd
1 tl ketchup
8 sneetjes brood

SALADE
4 tomaten
1 komkommer
1 bosje radijs
1 sjalot
2 el olijfolie extra vergine
1 el azijn

EXTRA NODIG
aluminiumfolie

Bereiden

- Haal de biefstukken uit de koelkast (liefst 30 minuten voordat je ze gaat bakken)

BIEFSTUKKEN
- Pel en snipper de sjalot. Pel en snijd de knoflook fijn.
- Bestrooi de biefstukken met een beetje zout en peper.
- Verwarm olie in een koekenpan op hoog vuur. Bak de biefstukken circa 4 minuten op één kant. Zet het vuur wat lager, draai de biefstukken om en bak nog circa 3 minuten goudbruin.
- Voeg de boter toe en roer de biefstuk door de smeltende boter. Haal de biefstukken uit de pan en leg ze op een bord met aluminiumfolie erover. Dit is om het vlees te laten rusten.
- Voeg de sjalot toe aan de pan met boter en fruit circa 2 minuten.
- Schenk het water erbij. Voeg de ketchup en mosterd toe en breng even aan de kook.

SALADE
- Snijd de tomaten in partjes en de komkommer in blokjes.
- Halveer de radijsjes.
- Pel en snipper de sjalot.
- Meng in een kom de olijfolie, azijn, sjalot en een beetje zout en peper en roer de tomaten, komkommer en radijsjes erdoor.

SERVEREN
- Leg op elk bord twee sneetjes brood en een biefstuk. Giet de jus erover en serveer de salade erbij.

Pittige kip

met zoete aardappels uit de oven

HOOFDGERECHT

4 PERSONEN • BEREIDEN CA. 30 MIN. • OVENTIJD CA. 20 MIN.

Ingrediënten

800 g zoete aardappels
olijfolie
1 teentje knoflook
1 sinaasappel
8 kippendijen, met vel en bot
1 tl paprikapoeder
2 tl kerriepoeder
1 tl cayennepeper
300 ml kippenbouillon
30 g boter
1 kleine groene kool

HONING-YOGHURTSAUS
3 el yoghurt
1 el honing

EXTRA NODIG
bakpapier
rasp

Bereiden

- Verwarm de oven voor op 180 °C.
- Schil de zoete aardappels en snijd ze in parten. Verdeel de aardappels over een met bakpapier beklede bakplaat. Besprenkel met olie en bestrooi met een beetje zout. Bak in de voorverwarmde oven in circa 20 minuten krokant en bruin.
- Pel en hak de knoflook fijn. Rasp de oranje schil van de sinaasappel. Bewaar de rest van de sinaasappel.
- Meng in een kom de kippendijen, paprikapoeder, kerriepoeder, knoflook, cayennepeper, rasp van de sinaasappel, olijfolie en een beetje zout.
- Verhit een scheut olie in een (braad)pan en bak de kippendijen om en om in circa 5 minuten goudbruin.
- Leg de kip de laatste 12 minuten bij de aardappels op de bakplaat.

GROENE KOOL

- Verwarm de boter, het sap van de sinaasappel en de bouillon in een pan.
- Verwijder eventueel lelijke buitenste bladeren van de kool. Halveer de kool in de lengte, verwijder de harde kern en snijd de kool in grove repen. Stoof de kool in de bouillon in circa 8 minuten gaar.

HONING-YOGHURTSAUS

- Meng in een kom de yoghurt en de honing door elkaar.

SERVEREN

- Verdeel de kool over de borden. Serveer de kip, de zoete aardappels en de saus erbij.

Ingrediënten

4 speklapjes
olijfolie om in te bakken
700 g krieltjes met schil
3 takjes rozemarijn
250 g champignons
1 ui
1 teentje knoflook
2 stronken broccoli

SAUS
2 el halvanaise
2 el yoghurt
1 el mosterd

EXTRA NODIG
bakpapier

Bereiden

- Verwarm de oven voor op 180 °C.

SPEKLAPJES EN KRIELTJES

- Bestrooi de speklapjes met een beetje zout en peper.
- Verwarm een scheut olijfolie in een pan en bak de speklapjes circa 8 minuten om en om.
- Verhit een scheut olie in een pan en bak de krieltjes circa 10 minuten op hoog vuur. Breng op smaak met een beetje zout en peper.
- Ris de rozemarijn en voeg toe aan de krieltjes.
- Verdeel de speklapjes en krieltjes over een met bakpapier beklede bakplaat. Plet de krieltjes een beetje met een vork, zodat de schil openbarst. Schuif de bakplaat in de voorverwarmde oven en bak de krieltjes in circa 10 minuten krokant.
- Meng in een kom de ingrediënten voor de saus.

GROENTE

- Halveer de champignons.
- Pel en snijd de ui in halve ringen. Pel en snijd de knoflook fijn.
- Verhit een scheut olie in de pan van de krieltjes en bak de champignons, ui en knoflook circa 5 minuten op middelhoog vuur. Breng op smaak met een beetje zout en peper.
- Breng een pan met water en zout aan de kook.
- Snijd de broccoli in roosjes. Kook de broccoliroosjes in circa 3 minuten beetgaar. Giet af en houd warm in de pan van de champignons.

SERVEREN

- Verdeel de krieltjes en speklapjes over de borden en schep de groente erbij. Serveer met de saus.

Krokante speklapjes

met geplette krieltjes

HOOFDGERECHT

4 PERSONEN • BEREIDEN CA. 30 MIN. • OVENTIJD CA. 10 MIN.

Ingrediënten

400 g paddenstoelenmix
1 ui
1 teentje knoflook
4 takjes tijm
2 takjes rozemarijn
olijfolie om in te bakken
600 ml water
1 groentebouillonblokje
200 ml kookroom
2 courgettes
4 sneetjes volkorenbrood
40 g walnoten
2 stronkjes witlof
3 tomaten
olijfolie extra vergine

EXTRA NODIG
grillpan
kaasschaaf

Bereiden

ROMIGE PADDENSTOELENSOEP

- Maak de paddenstoelen schoon en snijd de paddenstoelen in grove stukken.
- Pel en snipper de ui. Pel en snijd de knoflook fijn.
- Ris de tijm. Ris de rozemarijn en hak de naaldjes fijn.
- Verhit een scheut olie in een (soep)pan en fruit de ui, knoflook, rozemarijn en tijm. Voeg de paddenstoelen toe en bak circa 2 minuten op hoog vuur mee.
- Voeg het water, bouillonblokje en de kookroom toe. Zet het vuur lager, breng rustig aan de kook en laat circa 5 minuten rustig koken.
- Breng de soep op smaak met een beetje zout en peper.

GEGRILDE COURGETTESALADE MET TOAST

- Verwarm de oven voor op 180 °C.
- Schaaf de courgettes met een kaasschaaf in dunne plakken.
- Bestrijk de courgettes met olie en bestrooi met een beetje zout en peper.
- Verwarm een grillpan en gril de plakken courgette om en om in circa 6 minuten gaar.
- Snijd het brood in driehoekjes en rooster circa 5 minuten in de voorverwarmde oven
- Rooster de walnoten circa 3 minuten in een droge koekenpan.
- Halveer de witlof in de lengte, verwijder de kern en snijd de witlof in lange dunne repen.
- Snijd de tomaten in partjes.
- Meng in een kom de courgette, walnoten, witlof en tomaten en breng op smaak met olijfolie extra vergine en een beetje zout en peper.

SERVEREN

- Serveer de soep in een diep bord en serveer de gegrilde courgettesalade en toast erbij.

Romige paddenstoelensoep

met gegrilde courgettesalade

HOOFDGERECHT

4 PERSONEN • BEREIDEN CA. 15 MIN. • OVENTIJD CA. 5 MIN.

Huzarensalade 2.0

HOOFDGERECHT
4 PERSONEN • BEREIDEN CA. 30 MIN.

Ingrediënten

600 g aardappels
1 ui
4 eieren
1 el mosterd
2 el mayonaise
2 el yoghurt
1 winterpeen
1/2 knolselderij
1 bosje bladpeterselie
3 augurken
1 appel
1 krop ijsbergsla
3 el kappertjes
4 plakken bruinbrood
olijfolie om in te bakken

EXTRA NODIG
rasp

Bereiden

VOORBEREIDINGEN

- Schil en snijd de aardappels in kleine blokjes. Pel en snijd de ui in grove stukken.
- Breng een pan met water en zout aan de kook en kook de aardappels en ui in circa 7 minuten gaar.
- Giet de aardappels en ui af en stoom ze droog.
- Zet de eieren op in een pan met koud water en kook ze in 5 minuten halfzacht.
- Giet ze af en laat ze schrikken in koud water. Pel de eieren en snijd in grove stukken.

HUZARENSALADE

- Meng in een grote kom de mosterd, mayonaise en yoghurt tot een gladde saus.
- Schil en rasp de winterpeen en knolselderij fijn en meng door de dressing. Pluk en hak de peterselie fijn.
- Snijd de augurken in dunne plakjes.
- Schil de appel, snijd hem in vieren, verwijder het klokhuis en snijd de appel in blokjes.
- Haal de buitenste bladeren van de ijsbergsla en bewaar ze. Snijd de rest van de sla fijn.
- Meng de aardappels, uien, eieren, peterselie, augurken, appel, sla en kappertjes door de saus. Breng op smaak met een beetje zout en peper.
- Snijd het brood in blokjes. Verhit een scheut olie in een koekenpan en bak het brood in circa 3 minuten tot krokante croutons.

SERVEREN

- Verdeel de blaadjes sla over het midden van de borden. Doe er een royale schep huzarensalade op. Bestrooi met de croutons.

Kippendijen

met rauwe ham en salie

HOOFDGERECHT

4 PERSONEN • BEREIDEN CA. 30 MIN. • OVENTIJD CA.20 MIN.

Ingrediënten

AARDAPPELS UIT DE OVEN
800 g roseval aardappels
olijfolie om in te bakken

KIPPENDIJEN MET RAUWE HAM EN SALIE
600 g kipbraadsticks
100 g rauwe ham
1 sjalot
4 takjes salie
200 ml water
1/2 kippenbouillonblokje
100 ml witte wijn

1 bloemkool

EXTRA NODIG
bakpapier

Bereiden

AARDAPPELS UIT DE OVEN

- Verwarm de oven voor op 180 °C.
- Snijd de aardappels in achten en meng met een flinke scheut olijfolie en een beetje zout en versgemalen peper.
- Verdeel de aardappels over een bakplaat met bakpapier. Schuif in de voorverwarmde oven en bak in circa 20 minuten gaar. Hussel halverwege om.

KIPPENDIJEN MET RAUWE HAM EN SALIE

- Bestrooi de kipbraadsticks met een beetje zout en versgemalen peper en bak ze op hoog vuur in circa 5 minuten rondom goudbruin.
- Verdeel de plakjes rauwe ham over de kipbraadsticks. Leg de kipbraadsticks de laatste 15 minuten bij de aardappels in de oven.
- Pel en snijd de sjalot in ringen.
- Pluk en hak de blaadjes salie fijn.
- Bak in de pan van de kip de sjalotten circa 2 minuten. Schenk de witte wijn en het water erbij en voeg het bouillonblokje en de salie toe. Breng aan de kook.

BLOEMKOOL

- Breng een pan met water en zout aan de kook. Snijd de bloemkool in roosjes en kook de bloemkoolroosjes in circa 3 minuten beetgaar.
- Giet de bloemkoolroosjes af.

SERVEREN

- Verdeel de aardappels, kippendijen en bloemkool over de borden. Serveer met de sjalottensaus.

Ingrediënten

KRIELTJES
700 g voorgekookte krieltjes
olijfolie om in te bakken

KROKANTE VISJES
100 g bloem
100 g maïzena
250 ml bruisend bronwater
400 g kabeljauwfilet
zonnebloemolie

SALADE
1 bosje radijs
1 broccoli
1 el wittewijnazijn
2 el olijfolie extra vergine
75 g veldsla

CITROENMAYONAISE
4 el halvanaise
1 citroen

EXTRA NODIG
garde
keukenpapier
ovenschaal
rasp

Bereiden

- Verwarm de oven voor op 180 °C.

KRIELTJES
- Meng in een ovenschaal de krieltjes met een scheut olijfolie en een beetje zout en versgemalen peper. Bak de krieltjes in de voorverwarmde oven in circa 15 minuten goudbruin en krokant.

KROKANTE VISJES
- Meng in een grote kom de bloem, maïzena, het bruisend bronwater en een snufje zout. Roer met een garde tot een glad beslag.
- Snijd de kabeljauw in grove stukjes van circa 3 centimeter en wentel ze door het beslag.
- Verhit een laag van 3 centimeter zonnebloemolie in een hapjespan en bak de kabeljauw om en om in circa 6 minuten gaar.
- Schep de kabeljauw voorzichtig uit de pan en laat uitlekken op een bord met keukenpapier.

SALADE
- Breng een pan met water en zout aan de kook.
- Verwijder het groen van de radijsjes en halveer ze.
- Snijd de broccoli in roosjes. Kook de broccoli in circa 2 minuten beetgaar. Giet af en spoel koud.
- Meng in een grote kom al roerend met een garde de azijn met de olijfolie en breng op smaak met een beetje zout en versgemalen peper
- Meng de radijsjes, broccoli en de veldsla door de dressing.

CITROENMAYONAISE
- Rasp de gele schil van de citroen en meng met de halvanaise.
- Snijd de citroen in vieren.

SERVEREN
- Verdeel de krieltjes, kabeljauw en de salade over de borden. Schep er een beetje citroenmayonaise bij. Serveer met de partjes citroen.

Krokante visjes

met citroenmayonaise

HOOFDGERECHT

4 PERSONEN • BEREIDEN CA. 20 MIN. • OVENTIJD CA. 15 MIN.

Ingrediënten

- 200 g spliterwten
- 1 winterpeen
- 200 g aardappels
- 1/2 knolselderij
- 1 venkel
- 1 ui
- 1 l visbouillon
- 1 bosje peterselie
- 400 g vis (zoals koolvis, kabeljauwfilet of zeewolf)
- 100 g roze garnalen
- 100 ml room
- 1 stokbrood

EXTRA NODIG
staafmixer

Bereiden

- Laat de spliterwten circa 4 uur in koud water weken.

SCHEVENINGSE SNERT

- Schil en snijd de winterpeen, aardappels en knolselderij in blokjes.
- Halveer de venkel in de lengte, verwijder de harde kern en snijd de venkel in reepjes.
- Pel en snipper de ui.
- Breng de visbouillon in een braadpan met een dikke bodem aan de kook. Voeg de spliterwten en de gesneden groente toe en laat de soep circa 20 minuten zachtjes koken.
- Pluk en hak de peterselie en voeg toe aan de soep. Pureer het geheel met een staafmixer tot een gladde soep.
- Snijd de vis in blokjes en voeg samen met de garnalen toe aan de soep.
- Breng de soep aan de kook, roer voorzichtig zodat de vis niet uit elkaar valt.
- Zet het vuur uit en breng de soep op smaak met een beetje zout en peper.

SERVEREN

- Serveer de soep in diepe borden en schenk in elk bord een scheut room.
- Snijd het stokbrood in plakken en serveer bij de soep.

TIP
Je kunt de soep ook bereiden zonder de spliterwten te weken. Laat de soep dan 45 minuten langer koken.

Scheveningse snert

HOOFDGERECHT

4 PERSONEN • BEREIDEN CA. 30 MIN. • WEKEN CA. 4 UUR

Gebakken spruitjes

met cranberry's en kippenpootjes

HOOFDGERECHT

4 PERSONEN • BEREIDEN CA. 30 MIN. • OVENTIJD CA. 20 MIN.

Ingrediënten

8 kippenpootjes
olijfolie om in te bakken
1 tl kerriepoeder
1 tl paprikapoeder
800 g spruitjes
1 sjalot
20 g boter
700 g krieltjes met schil
4 takjes bladpeterselie
250 g cranberry's
120 g suiker

EXTRA NODIG
ovenschaal

Bereiden

KIPPENPOOTJES

- Verwarm de oven voor op 180 °C.
- Meng de kippenpootjes, olijfolie, kerriepoeder, paprikapoeder en een beetje zout en peper in een ovenschaal.
- Zet in de voorverwarmde oven en bak in circa 20 minuten gaar.

GEBAKKEN SPRUITJES

- Maak de spruitjes schoon.
- Verhit een scheut olie in een koekenpan en bak de spruitjes circa 5 minuten op middelhoog vuur.
- Pel en snipper de sjalot.
- Voeg de boter en de sjalot toe en laat circa 5 minuten meebakken.

KRIELTJES

- Breng een pan met water en zout aan de kook.
- Kook de krieltjes in circa 8 minuten gaar. Giet af en laat ze droogstomen.
- Pluk en snijd de peterselie fijn. Roer de peterselie en een scheut olijfolie door de krieltjes.

CRANBERRY'S

- Meng de cranberry's en de suiker in een steelpan, voeg 2 eetlepels water toe en breng het geheel aan de kook. Laat de cranberry's circa 4 minuten koken tot ze open knappen. Roer een eetlepel cranberry-compote door de gebakken spruitjes.

SERVEREN

- Verdeel de kippenpootjes, spruitjes en krieltjes over de borden en serveer de cranberry's erbij.

Gehaktballetjes
met aardpeerpuree

HOOFDGERECHT
4 PERSONEN • BEREIDEN CA. 30 MIN. • OVENTIJD CA. 15 MIN.

Ingrediënten

- 1 ui
- 1 teentje knoflook
- 500 g half-om-halfgehakt
- 1 tl Provençaalse kruiden
- 1 tl kerriepoeder
- 1 ei
- 2 el paneermeel
- 800 g kruimige aardappels
- 5 aardperen
- 100 ml melk
- nootmuskaat
- 4 preien
- 30 g boter
- 200 ml water

EXTRA NODIG
ovenschaal
pureestamper

Bereiden

GEHAKTBALLETJES

- Verwarm de oven voor op 180 °C.
- Pel en snipper de ui. Pel en snijd de knoflook fijn.
- Meng ui, knoflook, gehakt, Provençaalse kruiden, kerriepoeder, ei, paneermeel en een beetje zout en peper met elkaar.
- Rol balletjes ter grootte van pingpongballen en leg ze in een ovenschaal. Zet de balletjes in de voorverwarmde oven en bak in circa 15 minuten bruin en gaar.

AARDPEERPUREE

- Schil en snijd de aardappels en aardperen in grove stukken. Schep ze in een grote kookpan en schenk er zoveel water bij dat ze net onder staan. Breng aan de kook en kook in circa 10 minuten gaar.
- Giet de aardappels en aardperen af en stoom ze droog.
- Verwarm de melk.
- Pureer de aardappels en aardperen met een pureestamper. Schenk de melk erbij en roer door. Voeg indien nodig wat kookvocht toe. Breng de puree op smaak met een snufje nootmuskaat en een beetje zout en peper.

PREI

- Halveer de preien in de lengte, was de prei en snijd in halve ringen.
- Verhit de boter in een koekenpan en bak de prei circa 3 minuten. Breng op smaak met een beetje zout en peper.
- Schenk het water erbij en laat circa 10 minuten zonder deksel stoven.

SERVEREN

- Verdeel de gehaktballetjes met de aardpeerpuree over de borden en serveer de prei erbij.

Ingrediënten

2 uien
500 g aardappels
1 flespompoen
olijfolie om in te bakken
300 ml wortelsap
200 ml water
1 groentebouillonblokje
1 teentje knoflook
1 sjalot
1 bosje bladpeterselie
1 citroen
2 el paneermeel
4 kabeljauwfilets à 100g

EXTRA NODIG
bakpapier
pureestamper
rasp

Bereiden

POMPOENHUTSPOT

- Pel en snijd de uien in grote stukken. Schil en snijd de aardappels in blokjes.
- Halveer de pompoen in de lengte, schil de pompoen, verwijder de pitten en snijd de pompoen in blokjes.
- Verhit een scheut olie in een braadpan en bak de ui en pompoen circa 3 minuten.
- Schenk het wortelsap en het water erbij en voeg het bouillonblokje en de aardappels toe. Kook het geheel in circa 12 minuten gaar.
- Stamp met een pureestamper fijn en breng op smaak met een beetje zout en peper.

KABELJAUW MET PETERSELIEPANEER

- Verwarm de oven voor op 150 °C.
- Pel en hak de knoflook fijn. Pel en snipper de sjalot.
- Pluk en snijd de peterselie fijn.
- Rasp de gele schil van de citroen.
- Meng de knoflook met de sjalot, rasp van de citroenschil, het paneermeel en de peterselie. Voeg het sap van een halve citroen toe en roer door.
- Bestrooi de kabeljauwfilets met een beetje zout en peper en leg ze op een met olie ingevette bakplaat. Smeer ze in met de peterseliepaneer. Schuif in de voorverwarmde oven en bak in circa 10 minuten gaar.

SERVEREN

- Verdeel de pompoenhutspot over de borden en serveer daarop een stukje kabeljauwfilet.

Pompoen-hutspot

HOOFDGERECHT

4 PERSONEN • BEREIDEN CA. 30 MIN. • OVENTIJD CA. 10 MIN.

Ingrediënten

275 g meergranenrijst
4 kipfilets
olijfolie om in te bakken
4 el cacao
1 bosje bleekselderij
1 bosje bospeentjes
275 g maïskorrels, blikje
1 ui
2 sinaasappels

EXTRA NODIG
ovenschaal
rasp

Bereiden

- Kook de rijst volgens de aanwijzingen op de verpakking.

KIP IN CACAO

- Verwarm de oven voor op 140 °C.
- Bestrooi de kipfilets met een beetje zout en versgemalen peper. Verhit een scheut olie in een pan en bak de kipfilets om en om in circa 5 minuten goudbruin.
- Leg ze in een ovenschaal en besmeer de kipfilets met de cacao.
- Schuif de ovenschaal in de voorverwarmde oven en bak de kipfilets in circa 8 minuten gaar.

GROENTE

- Verwijder de harde draden van de bleekselderij en snijd de bleekselderij in halve maantjes.
- Schil de bospeentjes en snijd in dezelfde grootte als de bleekselderij.
- Laat de mais uitlekken in een zeef en spoel schoon.
- Pel en snipper de ui.
- Verhit een scheut olie in een pan en bak de bleekselderij, bospeentjes, maïs en ui circa 5 minuten.
- Rasp de oranje schil van 1 sinaasappel boven de pan met groente. Pers de sinaasappels uit boven de pan. Laat het geheel nog circa 3 minuten koken op laag vuur.
- Breng op smaak met een beetje zout en versgemalen peper.

SERVEREN

- Verdeel de meergranenrijst en de groente over de borden. Snijd de kip in plakken en serveer op de rijst en groente.

Kip in cacao

HOOFDGERECHT

4 PERSONEN • BEREIDEN CA. 30 MIN. • OVENTIJD CA. 8 MIN.

Ingrediënten

SAUCIJZEN MET GEBAKKEN OESTERZWAM
1 teentje knoflook
1 ui
150 g oesterzwammen
1 courgette
1 rode paprika
4 saucijzen
zonnebloemolie

KRIELTJES MET TUINKERS
olijfolie
700 g voorgekookte krieltjes
klontje boter
1 bakje tuinkers

Bereiden

SAUCIJZEN MET GEBAKKEN OESTERZWAM

- Pel en snijd de knoflook fijn. Pel en snipper de ui.
- Scheur de oesterzwammen in lange repen.
- Snijd de courgette in dobbelsteentjes.
- Halveer de paprika in de lengte, verwijder de zaadlijsten en snijd de paprika in repen.
- Snijd de saucijzen in plakken van 0,5 centimeter dik.
- Verhit een scheut olie in een grote koekenpan en bak de plakjes saucijs circa 3 minuten. Leg de plakjes worst op een bord.
- Bak de knoflook, oesterzwam, ui, paprika en courgette in de pan van de worst in circa 4 minuten gaar.
- Zet het vuur lager, voeg de plakjes worst en de boter toe. Breng het geheel op smaak met een beetje zout en versgemalen peper.

TUINKERS-KRIELTJES

- Verhit een scheut olie in een grote koekenpan en bak de krieltjes in circa 12 minuten mooi bruin. Voeg de boter toe en breng op smaak met een beetje zout en peper.
- Knip de tuinkers af en roer door de krieltjes.

SERVEREN

- Verdeel de saucijzen met gebakken oesterzwam en de tuinkers-krieltjes over de borden.

Saucijzen met gebakken oesterzwam

en tuinkers-krieltjes

HOOFDGERECHT
4 PERSONEN • BEREIDEN CA. 15 MIN.

Ingrediënten

VISKOEKJES
400 g koolvis, diepvries
2 sneetjes witbrood
1 el mosterd
1 sjalot
3 eieren
3 el bloem
3 el paneermeel
zonnebloemolie
1 citroen

AVOCADOSALADE
2 el olijfolie extra vergine
1 el azijn
1 el mosterd
150 g veldsla
250 cherrytomaten
2 avocado's
400 g witte bonen
1/2 bosje bieslook

EXTRA NODIG
keukenpapier
rasp
zeef

Bereiden

VISKOEKJES

- Laat de koolvis ontdooien en uitlekken op een zeef. Hak de vis fijn.
- Pel en snipper de sjalot.
- Snijd de korst van de sneetjes brood en snijd het brood in kleine blokjes.
- Rasp de schil van de schoongeboende citroen.
- Meng de vis met de sjalot, 1 ei, de broodblokjes, mosterd, citroenrasp en een beetje zout en versgemalen peper. Vorm kleine koekjes van het vismengsel.
- Kluts 2 eieren los in een kom.
- Wentel de viskoekjes eerst door de bloem, dan door het ei en tot slot door het paneermeel. Verhit een scheut olie in een koekenpan en bak de viskoekjes om en om in circa 6 minuten goudbruin en gaar. Laat ze uitlekken op een bord met keukenpapier.
- Snijd de citroen in vieren.

AVOCADOSALADE

- Meng in een kom de olijfolie extra vergine, azijn, mosterd en een beetje zout en versgemalen peper.
- Halveer de cherrytomaten. Schil en halveer de avocado's, verwijder de pit en snijd het vruchtvlees in plakken.
- Giet de bonen af en spoel ze schoon.
- Snijd de bieslook fijn.
- Meng de cherrytomaten, avocado, bonen, bieslook en veldsla door de dressing.

SERVEREN

- Verdeel de viskoekjes en avocadosalade over de borden. Serveer een partje citroen bij de viskoekjes.

Viskoekjes
met avocadosalade

HOOFDGERECHT

4 PERSONEN • BEREIDEN CA. 30 MIN.

Quiche met Hollandse geitenkaas

HOOFDGERECHT

4 PERSONEN • BEREIDEN CA. 25 MIN. • OVENTIJD CA. 10 MIN.

Ingrediënten

4 plakken bladerdeeg
1 bosje raapstelen
1 bosje radijs
400 g spinazie
1 rode ui
1 teentje knoflook
olijfolie om in te bakken
200 g zachte geitenkaas
50 g amandelen
1 eetlepel azijn
2 el olijfolie extra vergine

EXTRA NODIG
bakpapier

Bereiden

BLADERDEEG

- Verwarm de oven voor op 210 °C.
- Leg de plakken bladerdeeg op een met bakpapier beklede bakplaat. Schuif in de voorverwarmde oven en bak in circa 10 minuten krokant.
- Druk de bolle bovenkant van het bladerdeegplakje in zodat er een bakje ontstaat.

RADIJS

- Breng een pan met water en zout aan de kook.
- Snijd het groen van de radijsjes en kook de radijsjes circa 3 minuten.
- Giet de radijsjes af en spoel ze koud met water.

SPINAZIE MET GEITENKAAS

- Pel en snipper de ui. Pel en snijd de knoflook fijn.
- Verhit een scheut olie in een hapjespan en bak de ui, knoflook en spinazie circa 4 minuten tot de spinazie geslonken is. Breng op smaak met een beetje versgemalen peper. Zet het vuur uit.
- Verkruimel de geitenkaas boven de pan met spinazie.

RAAPSTELEN

- Meng in een kom de azijn met olijfolie extra vergine en breng op smaak met een beetje zout en versgemalen peper. Meng de raapstelen door de dressing.
- Rooster de amandelen circa 3 minuten in een pan.

SERVEREN

- Verdeel het spinazie-geitenkaasmengsel over de bladerdeegbakjes. Verdeel de raapstelensalade over de borden en garneer met de amandelen en de radijsjes.

Mounir Toub

Mounir is geboren in 1978 en heeft in verschillende restaurants in het zuiden van het land gewerkt. Hij heeft onder meer samengewerkt met meesterkoks Margot Reuten en Eugene Swaelen en weet zijn weg in de professionele keuken feilloos te vinden. Een volgende ambitie was om zijn kennis over te brengen op ander jong talent en inmiddels is hij alweer vijf jaar docent aan de horeca-opleiding van ROC Eindhoven.

Mounirs allergrootste kookidool is zonder enige twijfel zijn moeder. Als er iemand met gevoel, inspiratie, liefde en improvisatie kookt, is zij het. De Arabische keuken is hem dan ook met de paplepel ingegoten. Hij wil de lezers en kijkers van 24Kitchen graag inspireren de Arabische keuken te ontdekken. Er is in zijn beleving geen persoonlijker manier om iemand te laten blijken dat je diegene heel erg mag dan door voor hem of haar te koken. Erover nadenken wat je wilt koken, de ingrediënten met je eigen kennis en zintuigen uitzoeken en met al je liefde, genegenheid en passie koken voor een dierbare is volgens Mounir het mooiste ter wereld.

Ingrediënten

OVENFRIET
600 g roseval aardappels
olijfolie om in te bakken

TOUB SANDWICH
12 sneetjes zonnebloem-pittenbrood
1 komkommer
3 tomaten
4 zure bommen
8 plakken geitenkaas
8 plakken kalkoenfilet
150 g feta
1 krop kropsla

HARISSAMAYONAISE
10 el mayonaise
1 el harissa
1/2 bosje dragon
1 el gembersiroop

EXTRA NODIG
12 satéprikkers
bakpapier
(Je hebt geen pannen nodig!)

Bereiden

OVENFRIET

- Verwarm de oven voor op 200 °C.
- Boen de aardappels schoon en snijd in frietvorm.
- Verdeel de aardappels over een met bakpapier beklede bakplaat, besprenkel met olijfolie en hussel door. Schuif in de voorverwarmde oven en bak de friet in circa 25 minuten krokant.

TOUB SANDWICH

- Rooster de sneetjes brood in de oven in circa 5 minuten krokant.
- Snijd de komkommer en tomaten in plakken.
- Snijd de zure bommen in de lengte in plakken.
- Pluk de bladeren van de sla.
- Verbrokkel de geitenkaas.
- Meng de ingrediënten voor de harissamayonaise door elkaar.
- Bestrijk 8 sneetjes brood met de harissamayonaise en verdeel de komkommer, tomaten, augurken, sla, kalkoenfilet en de feta over de sneetjes brood.
- Stapel 2 belegde sneetjes brood op elkaar en leg daarop een sneetje brood. Herhaal dit voor de resterende sneetjes brood.
- Zet in de vier hoeken van het brood een satéprikker en snijd diagonaal doormidden tot driehoekjes.

SERVEREN

- Verdeel de sandwiches over de borden en serveer met de resterende harissamayonaise en de frietjes.

Toub sandwich
met harissamayonaise

HOOFDGERECHT

4 PERSONEN • BEREIDEN CA. 15 MIN. • OVENTIJD CA. 30 MIN.

Yoghurt lu kebab

met gegrilde groente

HOOFDGERECHT

4 PERSONEN • BEREIDEN CA. 30 MIN. • OVENTIJD CA. 12 MIN.

Ingrediënten

200 ml zonnebloemolie
1 Madame Jeanette of rode peper
4 sneetjes gesneden brood (Turks brood)
2 uien
4 teentjes knoflook
3 el chilisaus
2 tl zout
500 g gehakt
200 g rijst
6 tomaten
2 puntpaprika's
400 g Turkse yoghurt

EXTRA NODIG
knoflookpers
grillpan

Bereiden

- Verwarm de oven voor op 120 °C
- Kook de rijst gaar volgens de aanwijzingen op de verpakking.

PEPEROLIE

- Verhit in een pan de helft van de zonnebloemolie. Snijd het kapje van de Madame Jeanette en snijd in parten. Laat de zaadlijsten erin voor de pittigheid.
- Fruit de peper circa 3 minuten in de olie en haal uit de pan.
- Giet de olie in een kom en laat afkoelen.

BROOD

- Snijd het brood in stukken en rooster deze in de voorverwarmde oven in circa 12 minuten goudbruin en knapperig.

KEBAB

- Pel en snipper de uien.
- Pel en pers de knoflook.
- Meng het gehakt met de ui, knoflook en chilisaus. Breng op smaak met het zout.
- Maak 4 langwerpige platte repen van het gehakt, zo groot als een banaan (circa 10 centimeter lang en 3 centimeter breed).
- Verhit een scheut olie in een pan en bak het gehakt in circa 6 minuten om en om bruin.

GEGRILDE GROENTE

- Verwarm een grillpan voor.
- Halveer de tomaten.
- Snijd de puntpaprika's doormidden, verwijder de zaadlijsten en snijd in grove stukken.
- Besmeer de tomaten en paprika's met een klein beetje zonnebloemolie. Gril de groente circa 2 minuten in de pan.

SERVEREN

- Leg het geroosterde brood op het bord. Sprenkel daar wat druppels peperolie over.
- Leg de kebab erop.
- Schep de Turkse yoghurt over de kebab en maak af met nog enkele druppels peperolie.
- Serveer met de rijst en de gegrilde groente.

Ingrediënten

MOSSELEN
2 uien
4 teentjes knoflook
4 tl ras el hanout
500 g tomatenblokjes uit blik
4 kilo mosselen
1/2 bosje koriander
1 Turks brood

KIKKERERWTENSALADE
150 g cherrytomaten
1 sinaasappel
200 g gemengde sla
200 g kikkererwten
3 el olijfolie
1 el wittewijnazijn

MAROKKAANSE COCKTAILSAUS
4 el halvanaise
2 el ketchup
2 tl gembersiroop
2 tl harissa
snufje paprikapoeder

Bereiden

MARINADE
- Pel en snipper de uien. Pel en snijd de teentjes knoflook fijn.
- Verhit een scheut olie in een pan en fruit de ui en de knoflook in circa 3 minuten glazig.
- Voeg de ras el hanout toe en laat circa 1 minuut onder voortdurend roeren meebakken.
- Voeg de tomatenblokjes toe en laat de saus met deksel op de pan circa 4 minuten koken.

MOSSELEN
- Was de mosselen 2 keer in ruim koud water. Verwijder de kapotte exemplaren en de mosselen die drijven en verwijder de baarden.
- Verwarm een grote (mossel)pan met water, voeg de mosselen toe en gaar ze met deksel op de pan circa 6 minuten. Hussel ze af en toe goed door. De mosselen zijn gaar als ze open staan.
- Schenk de marinade vlak voor het serveren bij de mosselen en serveer direct.

KIKKERERWTENSALADE
- Snijd de tomaatjes in vieren.
- Schil de sinaasappel en snijd met een scherp mes de partjes sinaasappel tussen de vliesjes uit.
- Knijp het sap van de uitgesneden sinaasappel uit boven de kom met sla.
- Meng de sla met de kikkererwten, tomaatjes en sinaasappel.
- Breng op smaak met olie en azijn.

MAROKKAANSE COCKTAILSAUS
- Meng de halvanaise met de ketchup, gembersiroop, harissa en paprikapoeder.
- Snijd het Turks brood in repen en besmeer met cocktailsaus.

SERVEREN
- Zet de pan met mosselen op tafel en serveer met de kikkererwtensalade en het brood. Dip de mosselen in de resterende cocktailsaus.

Marokkaanse mosselen

HOOFDGERECHT

4 PERSONEN • BEREIDEN CA. 30 MIN.

Ingrediënten

TZATZIKI
2 komkommers
4 teentjes knoflook
1 l Turkse yoghurt
2 el olijfolie vergine
1/2 citroen

FALAFEL
800 g kikkererwten uit pot
2 uien
1/2 bosje peterselie
1/2 bosje koriander
4 tl ras el hanout
1 el bakpoeder
50 g paneermeel
8 volkoren pitabroodjes
1 kropsla
zonnebloemolie om in te frituren

EXTRA NODIG
grove rasp
keukenpapier
knoflookpers
staafmixer
zeef

Bereiden

- Verwarm de oven voor op 180 °C voor de pitabroodjes.

TZATZIKI

- Rasp de komkommers op een grove rasp.
- Schep de komkommer in een zeef en druk het vocht eruit.
- Pel en pers de teentjes knoflook. Meng in een kom de yoghurt met de komkommerrasp en de knoflook.
- Breng op smaak met zout en olijfolie vergine en het sap van een halve citroen.
- Zet de tzatziki in de koelkast.

FALAFEL

- Laat de kikkererwten uitlekken.
- Pel en snipper de uien.
- Pluk en hak de peterselie en koriander.
- Voeg de uien, peterselie, koriander, ras el hanout en het sap van een halve citroen toe aan de kikkererwten.
- Pureer de kikkererwten met een staafmixer.
- Roer de bakpoeder en het paneermeel erdoor.
- Vorm er 8 gelijkmatige 'burgertjes' van.
- Verhit een laagje olie (ongeveer 3 centimeter) in een hoge pan. Frituur de falafel in circa 4 minuten aan beide kanten goudbruin.
- Laat de falafel uitlekken op een bord met keukenpapier.
- Bereid de pitabroodjes volgens de aanwijzingen op de verpakking.
- Maak de bladeren van de sla los.

SERVEREN

- Snijd de pitabroodjes open en leg er wat blaadjes sla in. Schep er 2 flinke eetlepels tzatziki in en 2 stuks falafel.

Falafel met tzatziki

HOOFDGERECHT

4 PERSONEN • BEREIDEN CA. 30 MIN. • OVENTIJD CA. 10 MIN.

Moussaka à la Mounir

HOOFDGERECHT
4 PERSONEN • BEREIDEN CA. 30 MIN. • OVENTIJD CA. 4 MIN.

Ingrediënten

800 g bloemige aardappels
500 ml room
50 g walnoten
2 uien
2 teentjes knoflook
1/2 bosje koriander
zonnebloemolie
400 g lamsgehakt
2 tl ras el hanout
1 courgette
1 aubergine
4 vleestomaten
2 bollen mozzarella

EXTRA NODIG
grillpan
ovenschaal
pureestamper

Bereiden

- Verwarm de oven voor op 180 °C.

AARDAPPELPUREE

- Breng een pan met water aan de kook.
- Schil en snijd de aardappels in gelijke stukken. Kook de aardappels in circa 10 minuten gaar.
- Giet de aardappels af en stoom ze droog.
- Pureer de aardappels, roer de room en walnoten erdoor en breng op smaak met een beetje zout en peper.

GEHAKT

- Pel en snipper de uien. Pel en snijd de teentjes knoflook fijn.
- Pluk en hak de koriander fijn.
- Verhit een scheut olie in een pan en bak de ui, knoflook, koriander, het gehakt en de ras el hanout circa 6 minuten en breng op smaak met een beetje zout.

PLAKKEN GROENTE

- Snijd de courgettes en aubergines in de lengte in plakken van circa 2 centimeter dik. Verwarm een grillpan. Smeer de plakken courgettes en aubergines in met olie en gril de plakken om en om.
- Snijd de tomaten in dunne plakken.

MOUSSAKA

- Snijd de mozzarella in dunne plakken.
- Vet een ovenschaal in met olie. Verdeel de aardappelpuree over de bodem van de ovenschaal, daarover het gehakt, de groente en sluit af met de mozzarella.
- Schuif de ovenschaal in de voorverwarmde oven en bak in circa 4 minuten gaar.

SERVEREN

- Snijd de moussaka in stukken en verdeel over de borden.

Ingrediënten

2 zalmfilets à 100 g
2 zeewolffilets à 100 g
1 groene paprika
1 gele paprika
1 rode ui
250 g kastanjechampignons
4 el zonnebloemolie
1 tl paprikapoeder
2 tl gemberpoeder
1 tl chilivlokken
250 g cherrytomaatjes

TURKSE PILAV
1,5 l water
300 g basmatirijst
2 el boter
60 g vermicelli

MAROKKAANSE THEE
1 l water
2 theezakjes English blend
5 el suiker
1 bosje munt

EXTRA NODIG
4 satéprikkers
ovenschaal

Bereiden

- Verwarm de oven voor op 180 °C.
- Laat de satéprikkers weken in een glas met water.

VISKEBAB EN GEPOFTE TOMAAT

- Halveer de zalm- en zeewolffilets.
- Halveer de paprika's in de lengte, verwijder de zaadlijsten en snijd de paprika's in blokjes.
- Pel en snijd de ui in grove stukken. Halveer de champignons.
- Rijg op elke satéprikker om en om zalm, groene paprika, rode ui, gele paprika, champignon en zeewolf.
- Meng voor de specerijenolie in een kom olie, paprikapoeder, gemberpoeder, chilivlokken en een snufje zout.
- Vet een ovenschaal in met de specerijenolie, leg de spiesjes in de ovenschaal en bestrijk beide kanten met specerijenolie.
- Bak de spiesjes circa 5 minuten in de voorverwarmde oven.
- Verdeel de tomaten over de ovenschaal en meng er olie, een beetje zout en peper door. Bak de tomaten circa 4 minuten in de oven.

TURKSE PILAV

- Breng het water aan de kook.
- Was de rijst tot het water helder is en laat de rijst uitlekken.
- Verhit boter in een pan en bak de vermicelli goudbruin.
- Voeg de rijst en een snufje zout toe en overgiet met kokend water tot de rijst en de vermicelli net onder staan. Laat op laag vuur circa 7 minuten garen. Zet het vuur uit en laat met deksel op de pan staan.

MAROKKAANSE THEE

- Breng het water aan de kook en trek er thee van. Roer de suiker en munt door de thee.

SERVEREN

- Verdeel de viskebab over de borden en schep de Turkse pilav en de gepofte tomaten erbij. Serveer met de Marokkaanse thee.

Viskebab met Turkse pilav

en gepofte tomaten

HOOFDGERECHT

4 PERSONEN • BEREIDEN CA. 30 MIN. • OVENTIJD CA. 10 MIN.

Rundvleesspiesjes

met gepoftepaprikasalade

HOOFDGERECHT 4 PERSONEN
BEREIDEN CA. 30 MIN. • MARINEREN CA. 10 MIN. • OVENTIJD CA. 10 MIN.

Ingrediënten

400 g rundvlees
1 teentje knoflook
1/2 bosje koriander
1 citroen
800 g vastkokende aardappels
50 ml olijfolie om in te bakken
2 tl chilivlokken
3 tl ras el hanout
1 tl (zee)zout

GEPOFTEPAPRIKASALADE
465 g geroosterde paprika's
1 rode ui
1 bosje bosuitjes
2 el azijn
2 el olijfolie extra vergine

EXTRA NODIG
4 satéprikkers
bakpapier
grillpan

Bereiden

- Verwarm de oven voor op 180 °C.
- Laat de satéprikkers weken in een glas met water.

RUNDVLEESSPIESJES
- Snijd het rundvlees in blokjes. Pel en snijd de knoflook fijn.
- Pluk en hak de koriander. Houd de helft apart voor de salade.
- Meng in een kom het rundvlees, de koriander, het sap van de citroen, de knoflook en wat peper. Laat het vlees circa 10 minuten marineren.
- Verwarm een grillpan.
- Rijg de blokjes vlees aan de satéprikkers en gril de spiesjes om en om in circa 4 minuten gaar.

OVENAARDAPPELS
- Was en snijd de aardappels in plakken van circa 2 centimeter dik.
- Leg de aardappels op een met bakpapier beklede bakplaat en meng met olijfolie, chilivlokken, ras el hanout en zout.
- Bak de aardappels in de voorverwarmde oven in circa 10 minuten goudbruin en gaar.

GEPOFTEPAPRIKASALADE
- Snijd de gepofte paprika's in reepjes. Pel en snijd de ui in dunne ringen.
- Snijd de bosuitjes in dunne ringen.
- Meng in een kom de koriander en alle ingrediënten voor de salade.

SERVEREN
- Verdeel de spiesjes over de borden en serveer met de ovenaardappels en de gepoftepaprikasalade.

Ingrediënten

2 rode paprika's
2 groene paprika's
1 aubergine
2 courgettes
olijfolie om in te bakken
2 rode uien
2 teentjes knoflook
2 tl gemberpoeder
1 tl chilivlokken
1/2 bosje bladpeterselie
1/2 bosje munt
1 citroen
400 g tomatenblokjes
1 Turks brood
200 g feta

EXTRA NODIG
ovenschaal

Bereiden

- Verwarm de oven voor op 220 °C.

GEROOSTERDE PAPRIKA'S

- Leg de paprika's in een ovenschaal en rooster circa 10 minuten in de voorverwarmde oven.
- Pel de geroosterde paprika's. Halveer de paprika's in de lengte, verwijder de zaadlijsten en snijd de paprika's in repen van 3 centimeter breed.

PIKANTE GROENTE IN TURKS BROOD

- Snijd de aubergine en courgettes in gelijke blokjes.
- Verhit een scheut olie in een pan en bak de aubergine en courgettes circa 4 minuten.
- Pel en snipper de rode uien. Pel en snijd de teentjes knoflook fijn.
- Voeg de uien, knoflook, gemberpoeder en chilivlokken toe aan de pan met groente en laat met deksel op de pan circa 5 minuten stoven.
- Pluk en hak de peterselie en munt.
- Voeg de kruiden, het sap van de citroen, de tomatenblokjes en de paprika's toe aan de pan en laat circa 2 minuten stoven.
- Snijd de bovenkant van het Turkse brood. Haal het zachte brood uit de onderkant, zodat je alleen de buitenkant overhoudt. Bak de onderkant van het Turkse brood in de voorverwarmde oven in circa 2 minuten krokant.
- Snijd de feta in blokjes.

SERVEREN

- Schep het groentemengsel in het brood, strooi de feta erover en leg de bovenkant er weer op.

Pikante groente

in Turks brood

HOOFDGERECHT

4 PERSONEN • BEREIDEN CA. 30 MIN. • OVENTIJD CA. 12 MIN.

Groente-kaasbaklava

HOOFDGERECHT

4 PERSONEN • BEREIDEN CA. 45 MIN. • OVENTIJD CA. 30 MIN.

Ingrediënten

2 rode uien
3 teentjes knoflook
olijfolie om in te bakken
1 el paprikapoeder
1 el ras el hanout
2 groene courgettes
1 groene paprika
1 gele paprika
1 rode paprika

200 g feta
3 eieren
100 ml kookroom
100 g geraspte oude kaas
50 g gemengde olijven, pitloos
100 g boter
1 pak filodeeg
40 g sesamzaadjes

EXTRA NODIG
ovenschaal

Bereiden

- Verwarm de oven voor op 180 °C.

GROENTEMENGSEL
- Pel en snijd de uien in halve ringen.
- Pel en snijd de teentjes knoflook fijn.
- Verhit een scheut olie in een pan en fruit de uien en knoflook circa 2 minuten.
- Voeg de paprikapoeder en de ras el hanout toe en bak circa 1 minuut mee.
- Snijd de courgettes in de lengte in vieren en verwijder de zaadlijsten. Snijd de courgettes in blokjes. Halveer de paprika's in de lengte, verwijder de zaadlijsten en snijd de paprika's in blokjes.
- Voeg de courgettes en paprika's toe en bak in circa 6 minuten beetgaar.
- Schep het mengsel in een kom en laat afkoelen.

HARTIGE GROENTE-KAASBAKLAVA
- Snijd de feta in blokjes.
- Kluts de eieren en roer de kookroom, de feta en de helft van de geraspte kaas erdoor. Breng op smaak met een beetje zout en peper.
- Meng het afgekoelde groentemengsel met het eiermengsel en de olijven.
- Smelt de boter.
- Vet een ovenschaal in met de boter. Leg een plak filodeeg in de ovenschaal, vet in met boter, leg hier een plak filodeeg op en vet deze ook weer in met boter.
- Verdeel het groente-eimengsel over de ovenschaal. Schep zo weinig mogelijk vocht mee.
- Verdeel de resterende geraspte kaas erover. Leg hier een plak filodeeg op, vet in met boter en herhaal dit met nog 2 plakken filodeeg.
- Strooi de sesamzaadjes erover.
- Zet de baklava onder in de voorverwarmde oven en bak in circa 30 minuten krokant en goudbruin.

Ingrediënten

400 g kipfilet
1 el kaneelpoeder
1 el paprikapoeder
1 el gemberpoeder
olijfolie om in te bakken
250 g kastanjechampignons
2 rode uien
4 bosuitjes
1 courgette
1 bosje koriander
8 meergranen tortillawraps
100 g geraspte oude kaas
1/2 limoen
150 ml Turkse yoghurt

EXTRA NODIG
bakpapier
rasp

Bereiden

KIPQUESADILLA'S

- Verwarm de oven voor op 180 °C.
- Snijd de kipfilets in dunne repen.
- Meng de kipfilet met de kaneelpoeder, paprikapoeder en gemberpoeder.
- Verhit een scheut olie in een pan en bak de kip circa 3 minuten op laag vuur.
- Snijd de champignons in dunne plakken, voeg toe aan de kip en bak circa 2 minuten mee.
- Pel en snijd de uien in halve ringen. Snijd de bosuitjes in dunne ringen. Snijd de courgette in dunne repen. Snijd de koriander fijn en bewaar de helft.
- Bestrooi de helft van de wraps met wat geraspte kaas. Verdeel daarover wat ui, bosui, koriander, courgette en het kip-champignonmengsel en nogmaals wat geraspte kaas. Bestrooi met versgemalen peper en dek af met een wrap.
- Leg de wraps op een met bakpapier beklede bakplaat en bestrijk met een beetje olie. Bak de wraps circa 9 minuten in de voorverwarmde oven tot de kaas gesmolten is.

YOGHURTSAUSJE

- Meng in een kom de Turkse yoghurt, de rasp en het sap van een halve limoen en de resterende koriander.

SERVEREN

- Halveer de quesadilla's, verdeel over de borden en serveer met de yoghurtsaus.

TIP
Om de quesadilla's warm te houden kun je ze in een voorverwarmde oven van 100 °C zetten.

Kipquesadilla's

HOOFDGERECHT

4 PERSONEN • BEREIDEN CA. 30 MIN. • OVENTIJD CA. 9 MIN.

Kalkoen-sesamspiezen

met gevulde zoete aardappel

HOOFDGERECHT 4 PERSONEN

BEREIDEN CA. 30 MIN. • MARINEREN CA. 5 MIN. • OVENTIJD CA. 8 MIN.

Ingrediënten

- 4 zoete aardappels à 200 g
- 3 teentjes knoflook
- 400 g kalkoenfilet
- 1 citroen
- 1 el ras el hanout
- 465 g geroosterde paprika's
- 1 bosje bosuitjes
- 300 g feta
- 1 ei
- 200 g sesamzaad
- zonnebloemolie
- 75 g rucola
- olijfolie extra vergine
- natuurazijn

EXTRA NODIG
8 satéprikkers
keukenpapier
ovenschaal

Bereiden

- Verwarm de oven voor op 180 °C.
- Laat de satéprikkers weken in een glas met water.

AARDAPPELS POFFEN

- Boen de zoete aardappels schoon. Prik de aardappels rondom een aantal keren in met een mes.
- Pof de aardappels in de magnetron op de hoogste stand in circa 8 minuten gaar.

KALKOEN MARINEREN

- Pel en snijd de teentjes knoflook fijn.
- Snijd de kalkoenfilet in gelijke blokjes van ongeveer 4 bij 4 centimeter.
- Meng de knoflook met het sap van de citroen, de ras el hanout en de blokjes kalkoen. Zet circa 5 minuten in de koelkast.

GEVULDE ZOETE AARDAPPELS

- Halveer de aardappels in de lengte en schraap met een lepel het binnenste eruit.
- Snijd de geroosterde paprika's in dunne repen. Snijd de bosuitjes in dunne ringen.
- Snijd of brokkel de feta in kleine stukjes.
- Meng de helft van de geroosterde paprika's, de helft van de bosuitjes, de helft van de feta met het aardappelkruim. Breng op smaak met een beetje zout en peper.
- Leg de uitgeholde aardappels in een ovenschaal, verdeel het mengsel over de aardappels. Schuif in de voorverwarmde oven en bak de aardappels in circa 8 minuten gaar.

KALKOEN-SESAMSPIEZEN

- Haal de kalkoen uit de marinade en dep licht droog met keukenpapier.
- Klop een ei los en strooi de sesamzaadjes op een bordje.
- Wentel de stukjes kalkoen eerst door het ei en dan door de sesamzaadjes. Rijg de kalkoen aan de satéprikkers.
- Verhit een scheut olie en een pan en bak de spiesjes om en om in circa 10 minuten gaar.

SALADE

- Meng de resterende geroosterde paprika's, bosuitjes en feta met de rucola en breng op smaak met een scheut olijfolie extra vergine en azijn.

SERVEREN

- Leg op elk bord twee gevulde zoete aardappelhelften en twee kalkoen-sesamspiezen.

Harissaburgers

HOOFDGERECHT
4 PERSONEN • BEREIDEN CA. 15 MIN.

Ingrediënten

10 takjes munt
400 g rundergehakt
1 el harissa (of zelf maken)
4 el paneermeel
1 el mosterd
1 ei
1 limoen
olijfolie
4 plakken extra belegen kaas
8 pitabroodjes
1 el olijfolie extra vergine

SALADE
2 little gems
1 komkommer
2 tomaten
2 augurken

OM ZELF HARISSA TE MAKEN
2 rode pepers
2 teentjes knoflook
75 ml zonnebloemolie

EXTRA NODIG
grillpan
staafmixer (voor de zelfgemaakte harissa)

Bereiden

HARISSABURGERS

- Pluk en snijd de munt in repen.
- Meng het gehakt met de harissa, het paneermeel, de mosterd, het ei, de munt en de rasp van de groene schil van de limoen. Bewaar de limoen voor de salade.
- Vorm 8 gelijkmatige burgers van het gehaktmengsel en bestrijk ze om en om met een beetje olie.
- Verwarm een grillpan en gril de burgers circa 4 minuten op één kant.
- Halveer de plakken kaas. Draai de burgers om en leg op elke burger een plakje kaas. Gril de burgers nog eens circa 4 minuten.
- Bereid de pitabroodjes volgens de aanwijzingen op de verpakking.

SALADE

- Meng in een kom het sap van de limoen met olijfolie extra vergine.
- Snijd de onderkant van de little gems en maak de blaadjes sla los.
- Snijd de komkommer, tomaten en augurken in plakjes.
- Meng de little gems met de komkommer, tomaten en augurken door de dressing.

SERVEREN

- Snijd de pitabroodjes open. Verdeel de burgers en eventueel nog wat harissa over de pitabroodjes. Serveer de salade bij de harissaburgers.

MAAK JE HARISSA ZELF

- *Halveer de rode pepers in de lengte, verwijder eventueel de zaadlijsten en snijd de rode pepers in grove stukken. Pel de teentjes knoflook en halveer ze.*
- *Mix de rode peper, knoflook, zonnebloemolie en een beetje zout in een kom met de staafmixer tot een saus.*

Ingrediënten

1 rode ui
2 teentjes knoflook
2 el olijfolie om in te bakken
1 tl paprikapoeder
1 tl kurkuma
400 g gepelde tomaten
1 liter water
1 runderbouillonblokje
1/2 bosje bladpeterselie
295 g gegrilde paprika, pot
300 g witte bonen, pot
8 plakken bladerdeeg
8 merguezworstjes
2 eieren

EXTRA NODIG
bakpapier

Bereiden

- Verwarm de oven voor op 180 °C.

WITTEBONENSOEP

- Pel en snipper de ui. Pel en snijd de teentjes knoflook fijn.
- Verhit een scheut olie in een hoge pan en fruit de ui, knoflook, paprikapoeder en kurkuma circa 3 minuten.
- Voeg de gepelde tomaten, het water en het bouillonblokje toe. Breng aan de kook en laat circa 5 minuten koken.
- Hak de peterselie grof. Snijd de gegrilde paprika in repen.
- Voeg de witte bonen, peterselie en de helft van de gegrilde paprika toe en laat circa 5 minuten op laag vuur pruttelen.

MERGUEZBROODJES

- Leg de plakjes bladerdeeg op een met bakpapier beklede bakplaat. Leg op het midden van elke plakje bladerdeeg een merguezworstje. Verdeel de resterende gegrilde paprika over de merguezworstjes.
- Klop de eieren los. Bestrijk de randen van het bladerdeeg met het ei.
- Vouw de randen van de bladerdeeg naar elkaar toe (als een saucijzenbroodje) en druk de randen goed dicht met een vork. Bestrijk de bovenkant met het ei. Schuif de merguezbroodjes in de voorverwarmde oven en bak in circa 18 minuten goudbruin en gaar.

SERVEREN

- Schenk de soep in diepe borden en serveer er een merguezbroodje bij.

Wittebonensoep

met merguezbroodjes

HOOFDGERECHT

4 PERSONEN • BEREIDEN CA. 30 MIN. • OVENTIJD CA. 18 MIN.

Marokkaanse aardappelsalade

met Hollandse makreel

HOOFDGERECHT

4 PERSONEN • BEREIDEN CA. 15 MIN. • OVENTIJD CA. 5 MIN.

Ingrediënten

700 g aardappels
2 gerookte makreelfilets
2 tomaten
1 el ketoembar
50 g geraspte oude kaas
olijfolie om in te bakken
2 uien
2 teentjes knoflook
1/2 bosje koriander
1 tl chilivlokken
2 el halvanaise
1 krop ijsbergsla
4 el azijn

EXTRA NODIG
bakpapier

Bereiden

- Verwarm de oven voor op 180 °C.

AARDAPPELS

- Breng een pan met water en zout aan de kook.
- Schil en snijd de aardappels in gelijke stukken en kook ze in circa 10 minuten gaar in de pan met water. Giet de aardappels af en stoom ze droog.

HOLLANDSE MAKREEL

- Verwijder het vel en eventuele graten van de makreelfilets en verdeel de makreelfilets over een met bakpapier beklede bakplaat.
- Snijd de tomaten in plakken en verdeel over de makreelfilets. Strooi de ketoembar en de geraspte kaas over de tomaten en besprenkel met olijfolie.
- Bak in de voorverwarmde oven in circa 5 minuten goudbruin.

MAROKKAANSE AARDAPPELSALADE

- Pel en snipper de uien. Pel en snijd de teentjes knoflook fijn.
- Pluk en hak de koriander grof.
- Meng de aardappels met de ui, knoflook en koriander, chilivlokken en halvanaise.
- Snijd de ijsbergsla in dunne repen en meng met de azijn.

SERVEREN

- Verdeel de ijsbergsla over de borden. Verdeel daarover de Marokkaanse aardappelsalade en een stukje makreelfilet.

7 groenten-couscous

HOOFDGERECHT

4 PERSONEN • BEREIDEN CA. 30 MIN. • WELLEN CA. 5 MIN.

Ingrediënten

1 courgette
1/2 bosje bospeen
1 koolrabi
1 bosje radijs
2 rode uien
1 bosje groene asperges
2 l water
2 groentebouillonblokjes
1 bosje koriander
300 g couscous
1 tl kaneelpoeder
2 tl gemberpoeder
80 g boter
250 kastanjechampignons

EXTRA NODIG
ovenschaal

Bereiden

- Verwarm de oven voor op 100 °C.
- Halveer de courgette in de lengte en snijd in halve plakken. Schil en snijd de bospeentjes in plakken. Schil en snijd de koolrabi in blokjes. Maak de radijsjes schoon.
- Pel en snijd de uien in ringen.
- Snijd de houterige onderkant van de asperges.
- Breng in een pan het water en de bouillonblokjes aan de kook. Voeg eerst de bospeentjes en dan de koolrabi, radijsjes, asperges, uien en courgette toe aan de bouillon en kook circa 3 minuten.
- Schep de groente uit de pan in een ovenschaal. Bewaar de bouillon. Schuif de ovenschaal in de voorverwarmde oven en houd warm.
- Snijd de koriander fijn.
- Strooi de couscous in een kom, voeg de koriander, kaneelpoeder en de helft van de gemberpoeder toe en schenk de bouillon waarin de groente gekookt is erbij tot de couscous net onder staat. Dek de kom af en laat de couscous circa 5 minuten wellen.
- Roer de couscous los met een vork.
- Verhit de boter in een pan en bak de champignons en de resterende gemberpoeder circa 2 minuten. Voeg een scheut bouillon toe en stoof de champignons met deksel op de pan in circa 5 minuten gaar.

SERVEREN

- Schep de couscous op borden en verdeel de groente en de champignons erover.

Mama's wondergerecht

HOOFDGERECHT
4 PERSONEN • BEREIDEN CA. 20 MIN.

Ingrediënten

4 tomaten
1 bosje bosuitjes
2 rode uien
2 teentjes knoflook
olijfolie om in te bakken
2 tl gemalen komijn
1 tl chilivlokken
4 eieren
1/2 bosje bladpeterselie
Marokkaans of Turks brood

Bereiden

TOMATEN ONTVELLEN

- Breng een pan met water aan de kook. Kruis de tomaten aan de onderkant in. Leg ze 10 seconden in het kokende water en spoel direct daarna koud onder de kraan. Verwijder het vel van de tomaten en snijd de tomaten in blokjes.

MAMA'S WONDERGERECHT

- Snijd de bosuitjes in dunne ringen.
- Pel en snijd de rode uien in halve ringen.
- Pel en snijd de teentjes knoflook fijn.
- Verhit een scheut olie in een koekenpan en bak de bosuitjes, knoflook en ui circa 3 minuten. Voeg de tomaten, gemalen komijn en chilivlokken toe en laat circa 10 minuten pruttelen. Breng op smaak met een beetje zout en versgemalen peper. Breek de eieren verdeeld over de pan. Roer met een vork door het eiwit, zodat het zich over de hele pan verspreidt. Laat het eigeel heel. Gaar de eieren circa 4 minuten met deksel op de pan.
- Hak de bladpeterselie fijn en strooi over het gerecht.
- Breek het brood in stukken.

SERVEREN

- Verdeel mama's wondergerecht over de borden. Serveer met het brood.

Roberta Pagnier

Roberta is geboren in Amsterdam in 1979, maar heeft Italiaanse wortels. Dankzij haar moeder kreeg ze al op jonge leeftijd veel affiniteit met de Italiaanse keuken. In verschillende goede Italiaanse restaurants waar ze werkte tijdens haar studententijd, kreeg ze de smaak van het koken te pakken. Het liefst is ze vanuit de Italiaanse traditie bezig met eten: warmte, gezelligheid, familie, grote lange tafel vol lekkernijen. Samen met haar 24Kitchen-collega Giovanni Caminita schreef zij dan ook het prachtige kookboek *Heerlijk Italiaans.*

Voor *De Makkelijke Maaltijd* demonstreert deze temperamentvolle dame de Italiaanse keuken. Roberta hoopt de lezer en kijker te inspireren met haar smaakvolle en sociale kijk op koken.

In haar ideale thuissituatie kunnen vrienden en familie te allen tijde even langswippen voor iets lekkers. Altijd staat er iets te pruttelen op het vuur en de kinderen krijgen bij thuiskomst een gezond, gezellig tussendoortje. Buon Appetito!

Panzanella
met kippenvleugels

HOOFDGERECHT

4 PERSONEN • BEREIDEN CA. 45 MIN. • OVENTIJD CA. 40 MIN.

Ingrediënten

1 rode paprika	1 komkommer
1 gele paprika	1 rode ui
8 kippenvleugels	2 el kappertjes
zonnebloemolie	1 bosje basilicum
5 teentjes knoflook	90 ml olijfolie extra vergine
3 takjes rozemarijn	
1 ciabatta	
rodewijnazijn	
5 pruimtomaten	

EXTRA NODIG
ovenschaal
theedoek

Bereiden

- Verwarm de oven voor op 180 °C.

GEROOSTERDE PAPRIKA'S

- Leg de paprika's in een ovenschaal en rooster ze circa 40 minuten in de voorverwarmde oven.
- Laat de paprika's afgedekt met een theedoek afkoelen.
- Pel de paprika's, verwijder de zaadlijsten en snijd de paprika's in repen.

KIPPENVLEUGELS

- Bestrooi de kippenvleugels met zout en peper.
- Verhit een scheut zonnebloemolie in een koekenpan en bak de kippenvleugels in circa 20 minuten goudbruin.
- Pel en hak de teentjes knoflook.
- Voeg na circa 10 minuten bakken de takjes rozemarijn en de helft van de knoflook toe en laat ze meebakken.

PANZANELLA

- Scheur boven een kom de ciabatta in grove stukken en meng een scheut wijnazijn en een scheut water erdoor.
- Snijd de tomaten in vieren en snijd de zaadlijsten eruit, bewaar deze wel. Snijd de tomaten in reepjes en meng ze door het brood.
- Snijd de komkommer in reepjes.
- Pel en snijd de ui in dunne plakjes. Pluk het basilicum.
- Meng de tomaat, komkommer, ui, kappertjes, gepofte paprika en het basilicum door het brood.
- Maak een dressing van de zaadlijsten van de tomaat, de resterende knoflook, olijfolie extra vergine, zout en peper. Roer de dressing door de panzanella.

SERVEREN

- Verdeel de kippenvleugels over de borden en serveer met de panzanella en dressing.

TIP
Haal de ciabatta een halve dag van tevoren uit de verpakking om oud te laten worden. Bij vers brood wordt de salade snel papperig.

Ingrediënten

1 ui
3 teentjes knoflook
olijfolie om in te bakken
150 ml witte wijn
800 g gepelde tomaten
1/2 bosje oregano
1/2 bosje basilicum
4 kippendijen
50 g bloem
1 bol mozzarella
500 g krieltjes in de schil
150 g haricots verts

EXTRA NODIG
ovenschaal

Bereiden

- Verwarm de oven voor op 180 °C.

TOMATENSAUS

- Pel en snipper de ui.
- Pel en snijd de teentjes knoflook in plakjes.
- Verhit een scheut olie in een koekenpan en fruit de ui en de knoflook circa 3 minuten.
- Schenk de witte wijn erbij en kook tot de helft in.
- Voeg de gepelde tomaten toe en kook op middelhoog vuur in circa 15 minuten tot een saus.
- Pluk de oregano en het basilicum en voeg toe aan de saus.

KIPPENDIJEN ALLA PIZZAIOLA

- Bestrooi de kippendijen met zout en versgemalen peper.
- Wentel de kippendijen door de bloem.
- Verhit een scheut olijfolie in een koekenpan en bak de kippendijen om en om in circa 4 minuten goudbruin.
- Snijd de mozzarella in plakken.
- Schep een derde van de tomatensaus in de ovenschaal, leg de kippendijen erop en leg op elke kippendij een plak mozzarella.
- Bak de kippendijen in de voorverwarmde oven in circa 20 minuten gaar.

KRIELTJES

- Breng een pan met water en zout aan de kook en kook de krieltjes in circa 8 minuten gaar.
- Giet de krieltjes af en stoom ze droog.

HARICOTS VERTS

- Verwijder de uiteindes van de haricots verts.
- Breng een pan met water en zout aan de kook en kook de haricots verts in circa 4 minuten beetgaar.
- Giet de haricots verts af.

SERVEREN

- Serveer de kippendijen met de saus, krieltjes en de haricots verts.

Kippendijen alla pizzaiola

HOOFDGERECHT
4 PERSONEN • BEREIDEN CA. 30 MIN.

Ingrediënten

1 sjalot
olijfolie om in te bakken
500 g spinazie
50 g gorgonzola
4 kalkoenfilets
100 g pijnboompitten
8 plakken parmaham
300 g tagliatelle
200 g bimi
3 teentjes knoflook
1 rode peper
125 ml witte wijn

EXTRA NODIG
ovenschaal
plasticfolie

TIP
Kunt u geen bimi in de winkel vinden? Dit gerecht is ook prima te bereiden met broccoli.

Bereiden

- Verwarm de oven voor op 200 °C.

INVOLTINI

- Pel en snipper de sjalot.
- Verhit een scheut olie in een koekenpan en fruit de sjalot circa 1 minuut.
- Voeg de helft van de spinazie toe en bak circa 3 minuten totdat de spinazie volledig is geslonken.
- Snijd de gorgonzola in kleine stukjes.
- Sla de kalkoenfilet met een koekenpan plat tussen 2 stukjes plasticfolie. Bestrooi met een beetje zout en peper.
- Verdeel het spinaziemengsel over de kalkoen en bestrooi met gorgonzola en pijnboompitten. Rol de filets op en omwikkel elk rolletje met 2 plakken Parmaham.
- Leg de rolletjes in een ovenschaal en bak in de voorverwarmde oven in circa 15 minuten goudbruin en gaar.

TAGLIATELLE

- Kook de tagliatelle volgens de aanwijzingen op de verpakking.
- Snijd de bimi in stukjes van circa 3 centimeter. Kook ze de laatste 3 minuten mee met de pasta.
- Pel en snijd de teentjes knoflook fijn.
- Halveer de peper in de lengte, verwijder de zaadlijsten en snijd de peper fijn.
- Verhit een scheut olie in een koekenpan en fruit de knoflook en peper circa 3 minuten.
- Voeg de andere helft van de spinazie toe en bak circa 2 minuten.
- Schenk de witte wijn erbij en laat circa 1 minuut koken.
- Voeg de tagliatelle en de bimi toe en roer goed door. Breng op smaak met een beetje zout.

SERVEREN

- Verdeel de tagliatelle over de borden en schep er een kalkoenfilet uit de oven op.

Involtini van kalkoen met tagliatelle

HOOFDGERECHT
4 PERSONEN • BEREIDEN CA. 30 MIN. • OVENTIJD CA. 15 MIN.

Rucolastamppot
met gepofte knoflook

HOOFDGERECHT

4 PERSONEN • BEREIDEN CA. 30 MIN. • OVENTIJD CA. 20 MIN.

Ingrediënten

olijfolie om in te bakken
1 bol knoflook
400 g cherrytomaten
800 g kruimige aardappels
4 braadworsten
150 ml melk
75 g Parmezaanse kaas
150 g rucola

EXTRA NODIG
aluminiumfolie
pureestamper
ovenschaal

Bereiden

- Verwarm de oven voor op 180 °C.

GEPOFTE KNOFLOOK EN CHERRYTOMATEN
- Snijd het bovenste kapje van de bol knoflook. Leg de bol knoflook op een stuk aluminiumfolie, schenk er een scheut olie over en pak de bol in. Pof de knoflook in de voorverwarmde oven in circa 20 minuten zacht.
- Snijd een kruisje in de onderkant van de cherrytomaatjes. Leg de cherrytomaatjes in een ovenschaal en bak ze de laatste 10 minuten mee met de knoflook.

AARDAPPELS
- Breng een pan met water en zout aan de kook.
- Schil en snijd de aardappels in vieren en kook in circa 15 minuten gaar. Giet de aardappels af en stoom ze droog.

WORST
- Verhit een scheut olie in een koekenpan en bak de worstjes in circa 12 minuten gaar.

RUCOLASTAMPPOT
- Breng de melk aan de kook en roer door de aardappels.
- Druk de teentjes knoflook uit de bol, voeg toe aan de aardappels en stamp fijn met een pureestamper. Roer de Parmezaanse kaas en rucola erdoor en breng op smaak met peper.

SERVEREN
- Verdeel de stamppot over de borden en serveer er een worstje bij.

Fusilli
met paddenstoelen-gorgonzolasaus

HOOFDGERECHT
4 PERSONEN • BEREIDEN CA. 30 MIN.

Ingrediënten

300 g fusilli
400 g gemengde paddenstoelen
olijfolie om in te bakken
2 teentjes knoflook
300 ml kookroom
200 g gorgonzola
100 g walnoten
600 g spinazie
1/2 citroen
1/2 bosje bladpeterselie

Bereiden

- Kook de pasta gaar volgens de aanwijzingen op de verpakking.
- Snijd de paddenstoelen in plakken.
- Verhit een scheut olie in een pan en bak de paddenstoelen circa 5 minuten op middelhoog vuur.
- Pel en snijd de teentjes knoflook fijn. Voeg de knoflook toe en bak nog circa 2 minuten mee.
- Voeg de room toe, breng aan de kook en laat circa 1 minuut doorkoken.
- Verkruimel de gorgonzola boven de koekenpan. Zet het vuur laag en laat de gorgonzola smelten. Breng op smaak met versgemalen peper.
- Rooster de walnoten circa 3 minuten in een droge koekenpan. Hak de walnoten fijn en voeg toe aan de saus.
- Roer de pasta door de saus.
- Verhit een scheut olie in een pan, voeg de spinazie toe en laat in circa 4 minuten slinken. Breng op smaak met een beetje zout en peper en het sap van een halve citroen.

SERVEREN

- Schep de spinazie op de pasta. Garneer het gerecht met gehakte peterselie.

Garnalen-frittata

HOOFDGERECHT

4 PERSONEN • BEREIDEN CA. 30 MIN. • GRILLEN CA. 15 MIN.

Ingrediënten

1 ui
1 courgette
4 stengels bleekselderij
250 g kastanjechampignons
6 eieren
4 takjes tijm
125 g mascarpone
250 g jumbo garnalen
125 g rucola
olijfolie extra vergine
olijfolie om in te bakken
1 volkoren boerenbrood

Bereiden

- Zet de grill van je oven aan.
- Pel en snipper de ui.
- Verwarm een scheut olijfolie in een ovenbestendige koekenpan en fruit de ui circa 4 minuten op middelhoog vuur.
- Snijd de courgette in kleine reepjes van circa 1,5 centimeter.
- Snijd de bleekselderij in heel fijne blokjes.
- Snijd de kastanjechampignons in dunne plakjes.
- Voeg de courgette, bleekselderij en kastanjechampignons toe aan de ui. Bak circa 8 minuten.
- Kluts de eieren in een kom.
- Ris de tijm en voeg met de mascarpone toe aan de eieren. Breng op smaak met een beetje zout en versgemalen peper.
- Voeg de garnalen toe aan de groente.
- Schenkt het eimengsel in de koekenpan. Bak circa 8 minuten tot de onderkant gaar is. Zet de koekenpan onder grill in de oven. Gril de frittata nog circa 5 minuten tot de bovenkant gestold en mooi bruin is. Haal de frittata uit de pan en snijd in gelijke stukken.
- Snijd het brood in plakken en gril circa 4 minuten aan beide kanten.

SERVEREN

- Serveer de frittata op gegrild brood met een hand rucola en olijfolie en dek af met een tweede plak gegrild brood.

Ingrediënten

GEROOSTERDE GROENTE
2 teentjes knoflook
50 ml olijfolie om in te bakken
1 courgette
1 aubergine
400 g cherrytomaten
1/2 bosje bladpeterselie
olijfolie extra vergine

PAPPARDELLE
300 g pappardelle
300 g biefstuk
3 teentjes knoflook
2 takjes rozemarijn
1 chilipeper
olijfolie
50 g geraspte Parmezaanse kaas

EXTRA NODIG
bakpapier
knoflookpers
satéprikkers

Bereiden

GEROOSTERDE GROENTE

- Verwarm de oven voor op 200 °C.
- Pel en pers de teentjes knoflook uit. Meng in een kom de knoflook met de olie en breng op smaak met een beetje zout en peper.
- Snijd de courgette en de aubergine in de lengte in plakken van circa 0,5 centimeter dik.
- Schep de courgette en aubergine op een met bakpapier beklede bakplaat en besprenkel met de knoflookolie.
- Schuif de groente in de voorverwarmde oven en bak in circa 15 minuten gaar.
- Breng de groente op smaak met olijfolie extra vergine, peterselie en een beetje zout en peper.
- Leg op elke plak courgette een plak aubergine. Rol op, prik er een satéprikker door en prik daar een cherry-tomaatje aan. Herhaal dit tot de prikkers vol zijn.

PAPPARDELLE

- Kook de pappardelle volgens de aanwijzingen op de verpakking.
- Snijd de biefstuk in flinterdunne plakjes. Bestrooi met een beetje zout en peper en laat op kamertemperatuur komen.
- Pel en snijd de teentjes knoflook in plakjes.
- Halveer de resterende cherrytomaten.
- Ris de rozemarijn en snijd de naaldjes fijn.
- Halveer de chilipeper in de lengte, verwijder de zaadlijsten en snijd de chilipeper fijn.
- Verhit een scheut olie in een koekenpan en fruit de knoflook, chilipeper en rozemarijn circa 3 minuten op laag vuur.
- Voeg de resterende cherrytomaten en een eetlepel van het pastawater toe, laat circa 3 minuten bakken.
- Giet af en voeg de pappardelle toe aan de pan en roer door.
- Neem de pan van het vuur en roer de biefstuk erdoor.
- Schenk een scheut olijfolie extra vergine erbij en bestrooi met Parmezaanse kaas.

SERVEREN

- Verdeel de pappardelle over de borden en schep de geroosterde groente erbij.

Pappardelle

met biefstuk en rozemarijn

HOOFDGERECHT

4 PERSONEN • BEREIDEN CA. 30 MIN. • OVENTIJD CA. 15 MIN.

Ingrediënten

1 citroen
olijfolie om in te bakken
1 courgette
60 g Parmezaanse kaas (1 stuk)
75 g rucola
1 l water
2 groentebouillonblokjes
0,05 g saffraan (1 zakje)
1 ui
50 g koude boter
300 g risottorijst
150 ml witte wijn
1 bosje groene asperges

EXTRA NODIG
cocktailprikkers
kaasschaaf
keukenpapier
ovenschaal
rasp

Bereiden

COURGETTEROLLETJES

- Halveer de citroen en houd de helft apart.
- Meng in een ovenschaal het sap van een halve citroen, 2 eetlepels olijfolie en een beetje zout en peper.
- Snijd de courgette in de lengte met een kaasschaaf in dunne plakken. Voeg toe aan de marinade en laat circa 15 minuten staan om te marineren.
- Snijd de helft van de Parmezaanse kaas met de kaasschaaf in dunne plakken.
- Verdeel de rucola en plakjes Parmezaanse kaas over de plakken courgette, rol op en zet vast met een cocktailprikker.

RISOTTO ALLA MILANESE

- Breng in een pan het water met de bouillonblokjes aan de kook.
- Week de saffraan in een glas met warm water.
- Pel en snipper de ui.
- Verhit een scheut olijfolie in een (hapjes)pan, voeg de ui toe en fruit circa 3 minuten op laag vuur.
- Voeg de rijst toe en bak circa 3 minuten onder continu roeren.
- Schenk de witte wijn erbij en blijf roeren tot de wijn is opgenomen door de rijst.
- Schep lepel voor lepel de bouillon door de rijst, blijf roeren in de pan. Voeg na circa 10 minuten de saffraan toe en laat nog circa 5 minuten garen.
- Rasp de resterende Parmezaanse kaas.
- Zet het vuur uit. Roer de boter en de geraspte Parmezaanse kaas door de risotto en breng op smaak met peper.
- Snijd de achtergehouden citroen in vieren en serveer bij de risotto.

ASPERGES

- Snijd circa 2 centimeter van de onderkant van de asperges af.
- Breng een pan met water en zout aan de kook en kook hierin de asperges in circa 5 minuten beetgaar. Laat de asperges uitlekken op keukenpapier.

SERVEREN

- Verdeel de rijst over de borden en schep de asperges en de courgetterolletjes erop.

Risotto alla Milanese

HOOFDGERECHT

4 PERSONEN • BEREIDEN CA. 30 MIN. • MARINEREN CA. 15 MIN.

Gehaktballetjes uit de oven
met mozzarella

HOOFDGERECHT

4 PERSONEN • BEREIDEN CA. 30 MIN. • OVENTIJD CA. 15 MIN.

Ingrediënten

6 sneetjes bruinbrood
80 ml melk
1 bosje bladpeterselie
3 teentjes knoflook
500 g rundergehakt
2 el olijfolie om in te bakken
1 bol mozzarella
500 g cherrytomaten
150 g groene olijven, zonder pit
1 bosje basilicum

SALADE
1 el balsamicoazijn
3 el olijfolie extra vergine
100 g gemengde sla

EXTRA NODIG
knoflookpers
ovenschaal

Bereiden

GEHAKTBALLETJES

- Verwarm de oven voor op 200 °C.
- Scheur 2 sneetjes brood in kleine stukjes en leg ze in een kom. Schenk de melk erbij en laat het brood de melk opzuigen.
- Pluk en snijd de peterselie fijn. Pel en pers de teentjes knoflook.
- Voeg het gehakt, de peterselie en de knoflook toe aan de kom. Breng op smaak met een beetje zout en versgemalen peper.
- Kneed het gehakt en draai er kleine balletjes zo groot als een pingpongbal van.
- Verhit een scheut olijfolie in een koekenpan. Bak de gehaktballetjes in circa 3 minuten rondom bruin. Schep de gehaktballetjes in een ovenschaal.
- Snijd de mozzarella in blokjes. Halveer de cherrytomaten en knijp de zaadlijsten/het vocht eruit (dit voorkomt dat het gerecht te nat wordt).
- Verdeel de cherrytomaten en de mozzarella over de gehaktballetjes. Voeg de olijven toe.
- Bak de gehaktballetjes in de voorverwarmde oven in circa 15 minuten gaar.
- Pluk het basilicum en verdeel de blaadjes over de gehaktballetjes.

SALADE

- Meng de balsamicoazijn en de olijfolie extra vergine door de sla.
- Rooster de resterende sneetjes brood in een broodrooster krokant. Halveer de sneetjes brood.

SERVEREN

- Verdeel de gehaktballetjes over de borden en serveer met salade en geroosterd brood.

Pasta e fagioli

HOOFDGERECHT

4 PERSONEN • BEREIDEN CA. 30 MIN.

Ingrediënten

- 1 ui
- 2 teentjes knoflook
- 1 rode peper
- 200 g magere spekblokjes
- 2 takjes rozemarijn
- 1/2 bosje bladpeterselie
- 400 g cannellinibonen
- 400 g bruine bonen
- 1 l kokend water
- 2 kippenbouillonblokjes
- 250 g pipe rigate of rigatone
- 50 g geraspte Parmezaanse kaas
- 1 groene kool
- 2 el olijfolie extra vergine
- 1/2 citroen

EXTRA NODIG
wok

Bereiden

PASTA E FAGIOLI

- Pel en snipper de ui.
- Verhit een scheut olijfolie in een pan en fruit de ui circa 2 minuten.
- Pel en snijd de teentjes knoflook. Voeg toe aan de pan en bak circa 1 minuut mee.
- Halveer de peper in de lengte, verwijder de zaadlijsten en snijd de peper fijn.
- Ris de rozemarijn en snijd de naaldjes fijn.
- Voeg de spekjes, rozemarijn en rode peper toe en bak circa 3 minuten.
- Snijd de peterselie fijn. Voeg de peterselie toe aan de pan.
- Voeg de bonen inclusief het vocht toe. Blijf circa 2 minuten roeren.
- Voeg de bouillonblokjes en het water toe en breng aan de kook.
- Kook de pasta in de bonensoep in circa 9 minuten gaar. Als de bonensoep te dik wordt, voeg dan een glas warm water toe. Roer goed door.
- Voeg de olijfolie toe.
- Serveer met geraspte Parmezaanse kaas.

GROENE KOOL

- Verwijder de buitenste bladeren van de groene kool.
- Snijd de groene kool grof in reepjes.
- Verhit een scheut olie in een wok en roerbak de kool circa 5 minuten. Voeg na circa 2 minuten een scheut water toe.
- Breng op smaak met het sap van een halve citroen en een beetje zout en peper.

SERVEREN

- Verdeel de soep over de borden en serveer de kool erbij.

Ingrediënten

1 l water
2 kippenbouillonblokjes
1 ui
olijfolie om in te bakken
300 g risottorijst
150 ml witte wijn
1 klontje koude boter
75 g geraspte Parmezaanse kaas

COURGETTESALADE
75 g parmaham
400 g tros-cherrytomaten
1 courgette
75 g rucola
olijfolie extra vergine

EXTRA NODIG
bakpapier
kaasschaaf

Bereiden

RISOTTO

- Breng in een pan het water met de bouillonblokjes aan de kook.
- Pel en snipper de ui.
- Verwarm een scheut olie in een pan en bak hierin de ui circa 4 minuten.
- Voeg de rijst toe en bak onder continu roeren in circa 2 minuten glazig.
- Schenk de witte wijn erbij.
- Schep lepel voor lepel de bouillon erbij, blijf roeren en laat in circa 20 minuten garen.
- Neem de pan risotto van het vuur en roer de boter en de Parmezaanse kaas erdoor. Breng op smaak met versgemalen peper.

COURGETTESALADE

- Verwarm de oven voor op 180 °C.
- Snijd de plakken parmaham in de lengte doormidden.
- Kruis de onderkant van de tomaten in.
- Leg de parmaham en tomaten op een met bakpapier beklede bakplaat. Schuif in de voorverwarmde oven en bak circa 6 minuten tot parmaham krokant is en de tomaatjes gepoft zijn.
- Snijd de courgette met een kaasschaaf in de lengte in dunne plakken.
- Verhit een scheut olie in een koekenpan en bak de courgettelinten om en om in circa 5 minuten gaar. Breng op smaak met een beetje zout en peper.
- Meng de rucola met een scheut olijfolie extra vergine.

SERVEREN

- Verdeel de risotto over de borden en serveer daar de rucola met courgettesalade bij. Garneer met de krokante parmaham en de gepofte tros-cherrytomaten.

Risotto met krokante parmaham

HOOFDGERECHT

4 PERSONEN • BEREIDEN CA. 30 MIN. • OVENTIJD CA. 6 MIN.

Kabeljauw in een envelopje

met citroenlinguine

HOOFDGERECHT

4 PERSONEN • BEREIDEN CA. 30 MIN. • OVENTIJD CA. 10 MIN.

Ingrediënten

- 2 venkelknollen
- 2 rode pepers
- 2 sinaasappels
- 1 bosje bladpeterselie
- 4 kabeljauwfilets à 100 g
- 100 ml witte wijn
- 300 g linguine
- 2 teentjes knoflook
- 200 g doperwten
- 150 ml kookroom
- 150 ml water
- 1 citroen
- olijfolie extra vergine

EXTRA NODIG
bakpapier
rasp

Bereiden

- Kook de linguine volgens de aanwijzingen op de verpakking. Giet de pasta af en roer er een scheut olijfolie door.

KABELJAUW IN EEN ENVELOPJE

- Verwarm de oven voor op 200 °C.
- Snijd de boven en onderkant van de venkel af en snijd de venkel in dunne plakjes.
- Halveer de pepers in de lengte, verwijder de zaadlijsten en snijd de pepers in dunne ringen.
- Pel de sinaasappels en maak de partjes sinaasappel los en halveer ze in de lengte
- Pluk en snijd de peterselie fijn.
- Knip 4 grote vierkante stukken bakpapier af (ongeveer 40 x 40 centimeter) en vouw ze dubbel.
- Vouw ze weer open en verdeel over de rechterkant van de vouwlijn een stuk kabeljauw en verdeel de venkel, rode peper, sinaasappel, helft van de peterselie, een scheutje olijfolie en witte wijn erover. Breng op smaak met een beetje zout en peper.
- Vouw de randen van het bakpapier goed dicht en leg de pakketjes met de vouwranden naar beneden op een bakplaat.
- Bak de pakketjes in de voorverwarmde oven in circa 10 minuten gaar.

CITROENLINGUINE

- Pel en snijd de teentjes knoflook fijn.
- Verhit een scheut olie in een koekenpan en bak hierin de knoflook circa 1 minuut.
- Voeg de doperwten, kookroom, het water, rasp van de citroenschil en het sap van een halve citroen toe. Laat het geheel circa 3 minuten koken.
- Breng op smaak met een beetje zout en versgemalen peper.
- Roer de linguine door de saus.

SERVEREN

- Leg de kabeljauwpakketjes op de borden en schep de citroenlinguine ernaast. Strooi de resterende peterselie over de citroenlinguine.

Ingrediënten

200 g sugar snaps
300 g haricots verts
200 g doperwten
250 g mascarpone
1 citroen
4 bosuitjes
1/2 bosje bladpeterselie
3 el olijfolie extra vergine
2 teentjes knoflook
50 g Parmezaanse kaas, aan stuk
6 sneetjes oud witbrood
olijfolie om in te bakken
400 g zeewolffilets

EXTRA NODIG
bakpapier
hakmolen
rasp
staafmixer

Bereiden

- Verwarm de oven voor op 200 °C.

GROENE GROENTE
- Breng een pan met water en zout aan de kook een kook de sugarsnaps, haricots verts en doperwten in circa 4 minuten beetgaar. Giet af en spoel koud.
- Meng in een kom de mascarpone, rasp van de citroenschil en het sap van een halve citroen en breng op smaak met een beetje zout en versgemalen peper.
- Snijd de bosui in ringetjes.
- Meng de olijfolie extra vergine, sap van de resterende halve citroen, de bosui en de helft van de peterselie en breng op smaak met een beetje zout en versgemalen peper. Roer de groente door de dressing.

ZEEWOLFFILET MET PETERSELIEKORSTJE
- Pel de teentjes knoflook.
- Breek de Parmezaanse kaas in kleine stukjes. Schep in de hakmolen en voeg 2 sneetjes brood, 1 teentje knoflook, de resterende peterselie en een scheut olijfolie toe. Breng op smaak met versgemalen peper en hak fijn tot er groen broodkruim ontstaat.
- Snijd de zeewolffilets in 4 gelijke stukken en leg ze op een met bakpapier beklede bakplaat.
- Schep het broodkruim op de zeewolf. Zet in de voorverwarmde oven en bak in circa 10 minuten gaar.

BROOD
- Halveer het resterende brood diagonaal. Verhit een scheut olie in een pan en bak de resterende sneetjes brood om en om in circa 4 minuten krokant.
- Wrijf het overgebleven teentje knoflook over de sneetjes brood.

SERVEREN
- Verdeel de groene groente over de borden en schep een lepel mascarpone op de groente. Leg op elk bord een stukje zeewolffilet met peterseliekorstje en serveer het brood erbij.

Zeewolffilet

met peterseliekorstje en groene groente

HOOFDGERECHT

4 PERSONEN • BEREIDEN CA. 30 MIN. • OVENTIJD CA. 10 MIN.

Pasta al forno

HOOFDGERECHT

4 PERSONEN • BEREIDEN CA. 30 MIN. • OVENTIJD CA. 10 MIN.

Ingrediënten

300 g pipe rigate
1 kleine bloemkool
1 ui
3 teentjes knoflook
1 bosje salie
2 braadworsten
150 ml water
200 g mascarpone
3 takjes tijm
3 el paneermeel
olijfolie om in te bakken

EXTRA NODIG
ovenschaal
staafmixer

Bereiden

- Verwarm de oven op 200 °C.

PASTA EN BLOEMKOOL

- Breng een pan met water en zout aan de kook en kook de pasta circa 9 minuten.
- Breng nog een pan met water aan de kook. Snijd de bloemkool in roosjes en kook de bloemkoolroosjes circa 5 minuten.
- Giet de pasta en bloemkool af.

PASTA AL FORNO MET WORST EN BLOEMKOOL

- Pel en snipper de ui. Pel en snijd de teentjes knoflook. Pluk en snijd de blaadjes salie in dunne repen.
- Verwijder het velletje van de worstjes en draai van het gehakt balletjes zo groot als een knikker.
- Verhit een scheut olie in een pan en bak de gehaktballetjes in circa 3 minuten rondom goudbruin. Schep de balletjes op een bord.
- Bak in de pan van de gehaktballetjes de ui en knoflook circa 3 minuten. Voeg de salie toe en bak nog circa 1 minuut mee.
- Schenk het water erbij en roer de mascarpone erdoor. Breng op smaak met een beetje zout en versgemalen peper.
- Giet de saus bij de bloemkool. Pureer de saus glad met de staafmixer.
- Ris de tijm.
- Meng de pasta, de gehaktballetjes en de saus in een ovenschaal en strooi het paneermeel en de tijm erover.
- Schuif de schaal in de voorverwarmde oven en bak in circa 10 minuten gaar.

SERVEREN

- Verdeel de pasta al forno in de ovenschaal en schep op de borden.

Ingrediënten

700 g voorgekookte krieltjes zonder schil
4 karbonades
zonnebloemolie
150 g haricots verts
1 sjalot
1 teentje knoflook
1 citroen
3 el olijfolie extra vergine
1 tl mosterd
1 tl honing
400 g linzen, blik
75 g rucola
75 g zachte geitenkaas

EXTRA NODIG
grillpan
ovenschaal
staafmixer

Bereiden

- Verwarm de oven voor op 180 °C.

KRIELTJES

- Breng een pan met water en zout aan de kook en kook de krieltjes in circa 10 minuten gaar.
- Giet af en stoom ze droog.

KARBONADES

- Verwarm de grillpan voor.
- Smeer de karbonades in met een beetje zonnebloemolie en bestrooi met een beetje zout en versgemalen peper.
- Gril de karbonade circa 2 minuten per kant. Leg in een ovenschaal en gaar nog circa 5 minuten in de voorverwarmde oven.

LINZENSALADE

- Breng een pan met water en zout aan de kook. Verwijder de uiteindes van de haricots verts en kook ze in circa 4 minuten beetgaar. Giet de haricots verts af en spoel ze koud.
- Pel en snipper de sjalot. Pel en snijd de knoflook grof.
- Meng het sap van een halve citroen met de olijfolie extra vergine, mosterd, honing, knoflook, sjalot en een beetje zout en versgemalen peper. Pureer met de staafmixer tot een gladde dressing.
- Giet de linzen af en spoel ze schoon.
- Meng in een kom de linzen, haricots verts, rucola en de dressing. Verkruimel de geitenkaas boven de salade.
- Snijd de resterende citroen in vieren.

SERVEREN

- Verdeel de krieltjes, karbonades en linzensalade over de borden. Serveer met een partje citroen.

Gegrilde karbonades

met linzensalade

HOOFDGERECHT

4 PERSONEN • BEREIDEN CA. 30 MIN. • OVENTIJD CA. 5 MIN.

Pipe rigate

met gebakken salami en groene ricotta

HOOFDGERECHT

4 PERSONEN • BEREIDEN CA. 15 MIN.

Ingrediënten

300 g pipe rigate
200 g salami Italiano
olijfolie om in te bakken
200 g cherrytomaten
300 g doperwten, diepvries
300 g tuinbonen, diepvries
150 g ricotta
50 g pecorino
75 g rucola

EXTRA NODIG
staafmixer
rasp

Bereiden

- Kook de pasta volgens de aanwijzingen op de verpakking. Bewaar 100 milliliter van het kookvocht voor de groene ricotta.

GEBAKKEN SALAMI

- Verwijder indien nodig het vel van de salami en snijd de salami in plakken.
- Verhit een scheut olie in een koekenpan en bak de salami om en om in circa 4 minuten krokant.
- Halveer de cherrytomaten, voeg toe aan de salami en bak circa 2 minuten mee.

GROENE RICOTTA

- Breng een pan met water en zout aan de kook en kook de doperwten en tuinbonen circa 3 minuten. Giet de doperwten en tuinbonen af.
- Schep de ricotta in een kom en rasp de pecorino erboven. Voeg de doperwten, tuinbonen, ricotta, pecorino, rucola en het bewaarde pastawater toe en pureer tot een gladde saus. Breng op smaak met versgemalen peper. Roer de saus door de pasta.

SERVEREN

- Verdeel de pasta met groene ricotta over de borden. Verdeel daar de plakken salami en cherrytomaten over.

Italiaanse visstoofpot

HOOFDGERECHT

4 PERSONEN • BEREIDEN CA. 30 MIN.

Ingrediënten

ITALIAANSE VISSTOOFPOT
1 rode ui
2 teentjes knoflook
3 ansjovisfilets
200 g zeewolf
2 el bloem
olijfolie
150 ml witte wijn
70 g tomatenpuree
800 g tomatenblokjes
1 kg mosselen
1 bosje basilicum
1 bosje peterselie

CROSTINI
4 sneetjes witbrood
1 teentje knoflook
olijfolie extra vergine

EXTRA NODIG
grillpan
keukenpapier

Bereiden

ITALIAANSE VISSTOOFPOT

- Pel en snipper de ui. Pel en snijd de teentjes knoflook fijn.
- Snijd de ansjovisfilets fijn.
- Dep de zeewolf droog met keukenpapier en snijd in stukken van circa 3 centimeter. Bestrooi de zeewolf met een beetje zout en versgemalen peper en wentel door de bloem.
- Verhit een scheut olie in een hapjespan en bak de zeewolf om en om in circa 8 minuten gaar. Neem de zeewolf uit de pan en leg op een bord.
- Schep de ui in de hapjespan en fruit circa 2 minuten. Voeg de knoflook en de ansjovis toe en bak nog circa 1 minuut mee. Voeg de witte wijn en de tomatenpuree toe en breng het geheel aan de kook. Giet de tomatenblokjes erbij en laat de saus circa 5 minuten koken.
- Was de mosselen in ruim koud water. Verwijder kapotte of openstaande exemplaren. Verwijder ook de 'baard' aan de buitenkant van de schelp. Voeg de mosselen toe aan de saus. Leg de deksel op de hapjespan en kook de mosselen tot ze open staan.
- Voeg de zeewolf weer toe aan de pan.
- Pluk het basilicum en snijd grof. Pluk de peterselie en snijd fijn. Roer de kruiden door de stoofpot.

CROSTINI

- Verwarm de grillpan en gril de sneetjes brood circa 2 minuten per kant.
- Pel een teentje knoflook en wrijf het brood in met de knoflook.
- Schenk een beetje olijfolie extra vergine op de crostini.

SERVEREN

- Verdeel de visstoofpot over de borden en serveer met de crostini.

Ingrediënten

BASILICUMPUREE
800 g kruimige aardappels
1 bosje basilicum
olijfolie extra vergine
100 ml melk
boter

ZALM IN AMANDELEN
150 g ongezouten amandelen
4 el bloem
2 eieren
400 g zalmfilet

GROENE ASPERGES
2 bosjes groene asperges

EXTRA NODIG
pureestamper
staafmixer

Bereiden

BASILICUMPUREE
- Breng een pan met water en zout aan de kook.
- Schil en snijd de aardappels in gelijke stukken. Kook de aardappels in circa 15 minuten gaar.
- Giet de aardappels af en stoom ze droog.
- Pluk de blaadjes basilicum. Voeg een scheut olijfolie extra vergine toe en pureer met de staafmixer tot een gladde pasta.
- Verwarm de melk.
- Pureer de aardappels met een pureestamper en maak smeuïg met de melk en een klontje boter en breng op smaak met een beetje zout. Roer de basilicumpasta door de puree.

ZALM IN AMANDELEN
- Hak de amandelen grof en strooi op een bord.
- Strooi de bloem op een bord. Klop de eieren in een diep bord los met een beetje zout.
- Snijd de zalmfilet in 4 gelijke stukken.
- Wentel de zalm door de bloem, vervolgens door de eieren en tot slot door de amandelen.
- Smelt een klontje boter in een koekenpan en bak de zalm om en om in circa 4 minuten gaar.

GROENE ASPERGES
- Breng een ruime pan met water en zout aan de kook.
- Snijd circa 1,5 centimeter van de houterige onderkant van de asperge af. Kook de asperges in circa 5 minuten beetgaar.
- Giet de asperges af, spoel ze koud en laat ze uitlekken.

SERVEREN
- Verdeel de basilicumpuree over de borden en leg daar een stukje zalmfilet op. Serveer met de groene asperges.

Zalm in amandelen
met basilicumpuree

HOOFDGERECHT
4 PERSONEN • BEREIDEN CA. 30 MIN.

Register

K

L

M

N

O

P

Q

R

S

T

V

W

Y

Z